idea

3일 벼락치기
직무적성검사 시리즈는?

스펙 쌓기 경쟁이 ~데…

직무적성 ~하시죠?

그래서 시~

직무적성 ~치기 시리즈!

태블릿 PC나 좀 큰 스마트폰과 유사한 그립감을 주는

작은 크기와 **얇은 두께**로 휴대성을 살렸지만

꽉 찬 구성으로, **효율성은 UP↑ 공부 시간은 DOWN↓**

3일의 투자로 최고의 결과를 노리는

3일 벼락치기 직무적성검사 9권 시리즈

Vision

간편하게
꺼내 푸는
내 손안의
직무적성검사

3일
벼락치기

직무적성검사

LG 인적성검사

삼성 GSAT(통합형)

두산 DCAT 이공계

두산 DCAT 인문·상경계

롯데그룹 L-TAB

CJ그룹 CAT

KT그룹 종합인적성검사

이랜드 ESAT

시스컴
SISCOM   www.siscom.co.kr

직무적성검사

3일
벼락치기

타임 적성검사연구소

삼성 GSAT (통합형)

3일
벼락치기

삼성 GSAT (통합형)

인쇄일 2020년 8월 1일 2판 1쇄 인쇄   **발행처** 시스컴 출판사
발행일 2020년 8월 5일 2판 1쇄 발행   **발행인** 송인식
등 록 제17-269호   **지은이** 타임 적성검사연구소
판 권 시스컴2020

ISBN 979-11-6215-526-4 13320
정 가 10,000원

주소 서울시 양천구 목동동로 233-1, 1007호(목동, 드림타워) | **홈페이지** www.siscom.co.kr
E-mail master@siscom.co.kr | **전화** 02)866-9311 | **Fax** 02)866-9312

머리말

취업과정에 적성검사가 도입된 지도 제법 많은 시간이 흘렀습니다. 그동안 적성검사에도 많은 부침이 있어서, 일부 기업은 폐지하기도 하고 일부 기업은 유형을 변경하기도 하였습니다. 쟁쟁한 대기업들이 적성검사 유형을 대폭 변경하면서 다른 기업들에도 그 여파가 미칠 것으로 여겨지고 있습니다.

적성검사는 창의력 · 상황대처능력 · 문제해결능력 등 업무수행에 필요한 능력을 측정하기 위해 실시되며, 기업별 인재상에 따라 여러 유형으로 치러집니다. 여기에 일부 기업들이 주기적으로 문제유형을 변경함으로써 수험생들의 혼란을 가중시키고 있습니다.

본서에서는 각 기업에서 공식적으로 발표한 문제유형을 기반으로 삼았으며, 실제로 적성검사를 치른 응시생들의 후기를 충실히 반영하여 올해 치러질 실제 적성검사에 가장 근접한 문제를 제공하고자 하였습니다.

본서가 취업준비생들의 성공적인 취업에 조금이나마 보탬이 되었으면 하는 바입니다.

타임 적성검사연구소

타임테이블 및 영역별 안내

DAY	PART	CHECK BOX complete	CHECK BOX incomplete	TIME
1DAY	언어논리	☺	☹	시간 분
2DAY	수리논리	☺	☹	시간 분
3DAY	추리	☺	☹	시간 분
	시각적사고			시간 분

1DAY

언어논리

동의어 · 반의어, 단어의 상관관계, 어휘력, 한자 및 고사성어, 문장 독해 등으로 구성되어 있습니다. 일상생활에서 흔히 사용하는 단어에서 헷갈리는 표현까지 언어로 구성된 다양한 자료를 활용하여, 자료의 의미를 해석하고 파악하는 능력을 측정합니다.

2DAY

수리논리

기본적인 계산 능력과 자료 및 수치를 바탕으로 해석하고 응용하는 능력을 측정합니다. 응용계산, 자료해석의 문제로 구성되어 있습니다. 계산 자체는 어렵지 않으나 주어진 자료를 활용하는 능력을 기르는 것이 중요합니다.

3DAY

추리

주어진 조건을 논리적으로 생각하여 문제를 해결할 수 있는 능력을 측정하는 검사입니다. 언어 추리 영역을 실어 여러 문장을 통해 결과를 도출하는 능력과 논리력을 측정합니다. 또한 문자 · 숫자 · 도형 추리로 구성되어 있습니다. 수 · 문자 추리 영역은 수열 문제로 이루어지고 도형 추리에서는 주로 나열된 도형들 간의 법칙을 찾아 적용하는 문제들로 구성되어 있습니다.

시각적사고

종이접기, 투상도 및 전개도, 블록 등을 활용하여 사물을 논리적이고 정확하게 식별할 수 있는 능력을 평가합니다.

구성과 특징

기출유형분석

주요 기출문제의 유형을 분석하여 이에 가장 가까운 문제를 상세한 해설과 함께 수록하였다.

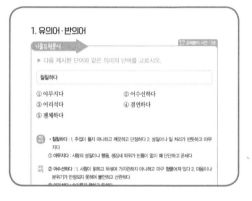

1. 유의어·반의어

기출유형분석

▶ 다음 제시된 단어와 같은 의미의 단어를 고르시오.

실실하다

① 야무지다   ② 어수선하다
③ 어리석다   ④ 겸연하다
⑤ 젠체하다

• 실실하다 : 1. 주접이 들지 아니하고 깨끗하고 단정하다 2. 성질이나 일 처리가 반듯하고 아무지다
① 야무지다 : 사람의 성질이나 행동, 생김새 따위가 빈틈이 없이 꽤 단단하고 굳세다
② 어수선하다 : 1. 사람이 얽히고 뒤섞여 가지런하지 아니하고 마구 헝클어져 있다 2. 마음이나 분위기가 안정되지 못하여 불안하고 산란하다

문제풀이 시간 표시

각 문제유형에 따라 총 문항 수와 총 문제풀이 시간, 문항당 문제풀이 시간을 제시하였다.

음에 대한 알맞은 답을 고르시오.

총 문항 수 : 12문항 | 총 문제풀이 시간 : 6분 | 문항당 문제풀이 시간 : 30초

친 부분에 들어갈 문장으로 알맞은 것을 고르면?

어지면 내일 비가 올 것이다.
으면 별똥별이 떨어진다.

중요문제 표시

기출유형에 근접한 문제마다
표시하여 중요문제를 쉽게
파악할 수 있게 하였다.

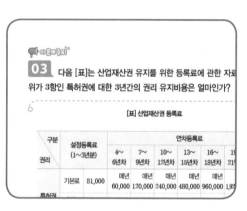

타임테이블 & 채점결과

각 문제유형을 모두 풀었을
때 걸리는 시간 및 채점결과
를 수험생 스스로 점검할 수
있도록 하였다.

차 례

언어논리

수리논리

추리 및 시각적사고

❶ 추리

❷ 시각적사고

기업소개

1 경영철학과 목표

1. 인재와 기술을 바탕으로
- 인재육성과 기술우위 확보를 경영의 원칙으로 삼는다.
- 인재와 기술의 조화를 통하여 경영전반의 시너지 효과를 증대한다.

2. 최고의 제품과 서비스를 창출하여
- 고객에게 최고의 만족을 줄 수 있는 제품과 서비스를 창출한다.
- 동종업계에서 세계 1군의 위치를 확보한다.

3. 인류사회에 공헌
- 인류의 공동이익과 풍요로운 삶을 위해 기여한다.
- 인류공동체 일원으로서의 사명을 다한다.

2 핵심가치

1. 인재제일
'기업은 사람이다'라는 신념을 바탕으로 인재를 소중히 여기고 마음껏 능력을 발휘할 수 있는 기회의 장을 만들어 간다.

2. 최고지향

끊임없는 열정과 도전정신으로 모든 면에서 세계 최고가 되기 위해 최선을 다한다.

3. 변화선도

변화하지 않으면 살아남을 수 없다는 위기의식을 가지고 신속하고 주도적으로 변화와 혁신을 실행한다.

4. 정도경영

곧은 마음과 진실되고 바른 행동으로 명예와 품위를 지키며 모든 일에 있어서 항상 정도를 추구한다.

5. 상생추구

우리는 사회의 일원으로서 더불어 살아간다는 마음을 가지고 지역사회, 국가, 인류의 공동 번영을 위해 노력한다.

③ 인재상

We invite global talent of diverse backgrounds.
삼성은 학력, 성별, 국적, 종교를 차별하지 않고
미래를 이끌어 나갈 인재와 함께 한다.

1. Passion 열정

We have an unyielding passion to be the best.
끊임없는 열정으로 미래에 도전하는 인재

2. Creative 창의혁신

We pursue innovation creative ideas for a better future.
창의와 혁신으로 세상을 변화시키는 인재

3. Integrity 인간미 · 도덕성

We act responsibly as a corporate citizen with honesty and fairness.
정직과 바른 행동으로 역할과 책임을 다하는 인재

4 신입사원 채용안내

1. 모집시기

각 회사별로 필요 시 상시 진행되며, 시기가 미리 정해져 있지 않지만 연
1~2회 공채를 실시

2. 지원자격

(1) 3급

① 대학교 졸업예정자 또는 기졸업자

② 병역필 또는 면제자로 해외여행에 결격사유가 없는 자

③ 어학자격을 보유한 자(OPIc 또는 TOEIC Speaking에 한함)

※ 세부 어학기준은 채용공고를 통해 확인

(2) 4급

① 전문대 졸업 또는 졸업예정자

② 군복무 중인 자는 당해연도 전역 가능한 자

③ 병역필 또는 면제자로 해외여행에 결격사유가 없는 자

(3) 5급

① 고등학교 졸업 또는 졸업예정자

② 군복무 중인 자는 당해연도 전역 가능한 자

③ 병역필 또는 면제자로 해외여행에 결격사유가 없는 자

3. 채용전형절차

지원서 접수 ▶ 직무적합성 검사 ▶ GSAT ▶ 면접전형 ▶ 채용건강검진

(1) 지원서 접수

채용 홈페이지를 통한 지원서 접수
(http://www.samsungcareers.com)

(2) 직무적합성 평가

지원서에 작성하는 전공과목 이수내역과 직무관련 활동경험, 에세이 등을 통해서 지원자가 해당직무에 대한 역량을 쌓기 위해 노력하고 성취한 내용을 보게 된다. 직무와 무관한 스펙은 일체 반영되지 않는다. 특히, 연구개발 · 기술 · S/W직군은 전공 이수과목의 수와 난이도, 취득성적 등 전공능력을 종합적으로 평가하여 전공을 충실히 이수한 지원자를 우대한다.

(3) GSAT(직무적성검사)

단편적인 지식보다는 주어진 상황을 유연하게 대처하고 해결할 수 있는 종합적인 능력을 평가하는 검사(S/W 역량테스트 : S/W직군 대상)

(4) 면접전형

직무를 수행하는데 필요한 역량을 보유하고 있는지와 삼성의 인재상에 부합하는지를 평가한다.(임원면접 · 직무역량면접 · 창의성면접 실시)

(5) 채용건강검진

건강검진 후 최종 입사

직무적성검사 안내

GSAT(Global Samsung Aptitude Test)

삼성직무적성검사는 단편적인 지식보다는 주어진 상황을 유연하게 대처하고 해결할 수 있는 종합적인 능력을 평가하는 검사입니다.

구분	내용	문항수	검사시간
언어논리	어휘, 문장배열, 독해 능력을 측정한다.	30문항	25분
수리논리	응용계산, 자료해석 능력을 측정한다.	20문항	30분
추리	언어추리, 단어추리, 도형추리, 도식추리, 논리추리 능력을 측정한다.	30문항	30분
시각적사고	전개도, 종이접기, 투상도, 입체도형 회전, 조각모음, 블록결합 능력을 측정한다.	30문항	30분

* 본서에 수록된 GSAT 영역과 문제들은 2019년 채용을 기준으로 하였으므로 추후 변경 가능성이 있습니다.

1DAY

언어논리

언어논리

1. 유의어 · 반의어

 기출유형분석

🕐 문제풀이 시간 : 3초

▶ 다음 제시된 단어와 같은 의미의 단어를 고르시오.

칠칠하다

① 야무지다
② 어수선하다
③ 어리석다
④ 겸연하다
⑤ 젠체하다

 정답해설

• **칠칠하다** : 1. 주접이 들지 아니하고 깨끗하고 단정하다 2. 성질이나 일 처리가 반듯하고 야무지다
① **야무지다** : 사람의 성질이나 행동, 생김새 따위가 빈틈이 없이 꽤 단단하고 굳세다

 오답해설

② **어수선하다** : 1. 사람이 얽히고 뒤섞여 가지런하지 아니하고 마구 헝클어져 있다 2. 마음이나 분위기가 안정되지 못하여 불안하고 산란하다
③ **어리석다** : 슬기롭지 못하고 둔하다
④ **겸연하다** : 1. 미안하여 볼 낯이 없다 2. 쑥스럽고 어색하다
⑤ **젠체하다** : 잘난 체하다

유형분석

제시된 단어의 유의어나 반의어를 고르는 유형은 GSAT 언어논리의 가장 대표적인 유형으로 주로 한자어로 된 단어가 제시된다. 평소 잘 사용하지 않거나 어려운 단어가 나오기도 하므로 시험 전 유의어 · 반의어를 정리하여 반복적으로 눈에 익혀두도록 한다.

정답 ①

[01~07] 다음 제시된 단어와 같은 의미의 단어를 고르시오.

총 문항 수 : 7문항 | 총 문제풀이 시간 : 21초 | 문항당 문제풀이 시간 : 3초

01 저의

① 지청구   ② 뜬구름
③ 헛소문   ④ 속마음
⑤ 근거

정답해설

• 저의(底意) : 겉으로 드러나지 않은 속에 품은 생각 ㉡ 속마음
① 지청구 : 1. 꾸지람 2. 까닭 없이 남을 탓하고 원망함
② 뜬구름 : 1. 하늘에 떠다니는 구름 2. 덧없는 세상일을 비유적으로 이르는 말

02 간주(看做)

① 치부(置簿)   ② 전주(前奏)
③ 요절(夭折)   ④ 발췌(拔萃)
⑤ 단안(斷案)

정답해설

• 간주(看做) : 상태, 모양, 성질 따위가 그와 같다고 봄 또는 그렇다고 여김
① 치부(置簿) : 마음속으로 그러하다고 보거나 여김
② 전주(前奏) : 성악이나 기악 독주의 반주 첫머리
③ 요절(夭折) : 젊은 나이에 죽음
④ 발췌(拔萃) : 책, 글 따위에서 필요하거나 중요한 부분을 가려 뽑아냄
⑤ 단안(斷案) : 1. 옳고 그름을 판단함 2. 어떤 사항에 대한 생각을 딱 잘라 결정함

TIP **주요 유의어**

- 架空(가공) – 虛構(허구)
- 過誤(과오) – 失手(실수)
- 飢餓(기아) – 饑饉(기근)
- 未開(미개) – 原始(원시)
- 使命(사명) – 任務(임무)
- 低價(저가) – 廉價(염가)

- 缺乏(결핍) – 不足(부족)
- 拘束(구속) – 束縛(속박)
- 基礎(기초) – 根柢(근저)
- 薄情(박정) – 冷淡(냉담)
- 昭詳(소상) – 仔細(자세)
- 情勢(정세) – 狀況(상황)

- 貢獻(공헌) – 寄與(기여)
- 龜鑑(귀감) – 模範(모범)
- 達辯(달변) – 能辯(능변)
- 發達(발달) – 進步(진보)
- 幼稚(유치) – 未熟(미숙)
- 詰難(힐난) – 指彈(지탄)

03 물고(物故)

① 물심(物心)

② 명성(名聲)

③ 출가(出家)

④ 물성(物性)

⑤ 서거(逝去)

정답 해설

- 물고(物故) : 사회적으로 이름난 사람의 죽음

  ⑤ 서거(逝去) : 죽어서 세상을 떠남. '죽음'의 높임말

  ① 물심(物心) : 물질적인 것과 정신적인 것

  ② 명성(名聲) : 세상에 널리 퍼져 평판 높은 이름

  ③ 출가(出家) : 집을 떠나감

  ④ 물성(物性) : 물건의 성질

04 고무(鼓舞)

① 지탄(指彈)   ② 고취(鼓吹)
③ 귀감(龜鑑)   ④ 지상(至上)
⑤ 사표(師表)

정답해설
- **고무(鼓舞)** : 격려하여 기세를 돋움
② **고취(鼓吹)** : 용기와 기운을 북돋우어 일으킴
① **지탄(指彈)** : 잘못을 나무람
③ **귀감(龜鑑)** : 거울로 삼아 본받을 만한 모범
④ **지상(至上)** : 더할 수 없이 가장 높은 위
⑤ **사표(師表)** : 학식과 덕행이 높아 남의 모범이 될 만한 인물

05 협력

① 행동   ② 강령
③ 협동   ④ 협정
⑤ 가세

정답해설
- **협력(協力)** : 힘을 합하여 서로 도움
③ **협동(協同)** : 서로 마음과 힘을 하나로 합함
① **행동(行動)** : 몸을 움직여 동작을 하거나 어떤 일을 함
② **강령(綱領)** : 정당이나 사회단체 등이 그 기본 입장이나 방침, 운동 규범 따위를 열거한 것
④ **협정(協定)** : 서로 의논하여 결정함
⑤ **가세(加勢)** : 힘을 보내거나 거듦

06 좌시(坐視)

① 관조(觀照)   ② 방관(傍觀)

③ 무사(無私)   ④ 차질(蹉跌)

⑤ 회고(回顧)

 • **좌시(坐視)** : 참견하지 않고 앉아서 보기만 함 ㈜ **방관(傍觀)**
  ① **관조(觀照)** : 고요한 마음으로 사물이나 현상을 관찰하거나 비추어 봄
  ③ **무사(無私)** : 사사로움 없이 공정함
  ④ **차질(蹉跌)** : 1. 발을 헛디디어 넘어짐 2. 하던 일이 계획이나 의도에서 벗어나 틀어지는 일
  ⑤ **회고(回顧)** : 1. 뒤를 돌아다봄 2. 지나간 일을 돌이켜 생각함

 이 문제 중요!

07 타성

① 통탄   ② 파국

③ 습관   ④ 긴장

⑤ 의무

• **타성(惰性)** : 오래되어 굳어진 좋지 않은 버릇. 또는 오랫동안 변화나 새로움을 꾀하지 않아 나태하게 굳어진 습성
  ① **통탄(痛嘆)** : 몹시 탄식함. 또는 그런 탄식
  ② **파국(破局)** : 일이나 사태가 잘못되어 결딴이 남

기출유형분석

▶ 다음 제시된 단어와 상반된 의미의 단어를 고르시오.

간섭(干涉)

① 참견(參見)   ② 간여(干與)
③ 방임(放任)   ④ 용훼(容喙)
⑤ 장해(障害)

정답해설
• 간섭(干涉) : 직접 관계가 없는 남의 일에 부당하게 참견함
③ 방임(放任) : 돌보거나 간섭하지 않고 제멋대로 내버려 둠

오답해설
① 참견(參見) : 자신과 관계없는 일에 끼어들어 쓸데없이 아는 체하거나 간섭함
② 간여(干與) : 관계하여 참견함
④ 용훼(容喙) : 간섭하여 말참견을 함
⑤ 장해(障害) : 하고자 하는 일을 막아서 방해함

정답 ③

[01~07] 다음 제시된 단어와 상반된 의미의 단어를 고르시오.

총 문항 수 : 7문항 | 총 문제풀이 시간 : 21초 | 문항당 문제풀이 시간 : 3초

01 강건(剛健)

① 유약(柔弱)   ② 강용(剛勇)
③ 완고(頑固)   ④ 부강(富强)
⑤ 강직(剛直)

• **강건(剛健)** : 의지나 기상이 굳세며 건실함
　① **유약(柔弱)** : 부드럽고 약함
　② **강용(剛勇)** : 굳세고 용감함
　③ **완고(頑固)** : 성질이 완강하고 고루함
　④ **부강(富强)** : 부유하고 강함
　⑤ **강직(剛直)** : 마음이 꼿꼿하고 곧음

02 표면(表面)

① 지면(紙面)　　　　　　　② 수면(水面)

③ 조면(粗面)　　　　　　　④ 이면(裏面)

⑤ 외면(外面)

• **표면(表面)** : 윗면, 겉으로 나타나거나 눈에 띄는 부분
　④ **이면(裏面)** : 뒷면, 겉으로 나타나거나 눈에 보이지 않는 부분
　① **지면(紙面)** : 종이의 겉면
　② **수면(水面)** : 물의 겉면
　③ **조면(粗面)** : 물건의 거친 면
　⑤ **외면(外面)** : 겉으로 드러나 보이는 면

03 성기다

① 배다　　　　　　　　② 엉성하다

③ 옹골지다　　　　　　④ 가멸다

⑤ 어줍다

• **성기다** : 물건의 사이가 뜨다.
① **배다** : 물건의 사이가 비좁거나 촘촘하다.
② **엉성하다** : 꽉 짜이지 아니하여 어울리는 맛이 없고 빈틈이 있다.
③ **옹골지다** : 실속이 있게 속이 꽉 차 있다.
④ **가멸다** : 재산이나 자원 따위가 넉넉하고 많다.
⑤ **어줍다** : 말이나 행동이 익숙지 않아 서투르고 어설프다.

04   조악(粗惡)

① 척박(瘠薄)   ② 승인(承認)
③ 고답(高踏)   ④ 공명(公明)
⑤ 정교(精巧)

 • **조악(粗惡)** : 물건이 거칠고 나쁨
⑤ **정교(精巧)** : 정밀하고 교묘함
① **척박(瘠薄)** : 땅이 기름지지 못하고 몹시 메마름
② **승인(承認)** : 일정한 사실을 인정하는 행위
③ **고답(高踏)** : 속세를 초연함
④ **공명(公明)** : 사사로움이 없이 공정함

TIP 주요 반의어

• 架空(가공) ↔ 實在(실재)	• 開放(개방) ↔ 閉鎖(폐쇄)	• 拒否(거부) ↔ 承認(승인)
• 建設(건설) ↔ 破壞(파괴)	• 乾燥(건조) ↔ 濕潤(습윤)	• 傑作(걸작) ↔ 拙作(졸작)
• 故意(고의) ↔ 過失(과실)	• 供給(공급) ↔ 需要(수요)	• 巧妙(교묘) ↔ 拙劣(졸렬)
• 屈服(굴복) ↔ 抵抗(저항)	• 勤勉(근면) ↔ 懶怠(나태)	• 老鍊(노련) ↔ 未熟(미숙)
• 訥辯(눌변) ↔ 能辯(능변)	• 忘却(망각) ↔ 記憶(기억)	• 滅亡(멸망) ↔ 隆盛(융성)
• 偶然(우연) ↔ 必然(필연)	• 類似(유사) ↔ 相違(상위)	• 異端(이단) ↔ 正統(정통)
• 理論(이론) ↔ 實際(실제)	• 人爲(인위) ↔ 自然(자연)	• 一般(일반) ↔ 特殊(특수)
• 斬新(참신) ↔ 陳腐(진부)	• 創造(창조) ↔ 模倣(모방)	• 平等(평등) ↔ 差別(차별)
• 稀薄(희박) ↔ 濃厚(농후)	• 犧牲(희생) ↔ 利己(이기)	• 詰難(힐난) ↔ 稱讚(칭찬)

05 가직하다

① 초름하다   ② 뜨다

③ 암띠다   ④ 깐보다

⑤ 두텁다

정답해설

• **가직하다** : 거리가 조금 가깝다.

② **뜨다** : 공간적으로 거리가 꽤 멀다.

① **초름하다** : 1. 넉넉하지 못하고 조금 모자라다 2. 마음에 차지 않아 내키지 않다.

③ **암띠다** : 1. 비밀스러운 것을 좋아하는 성질이 있다 2. 수줍은 성질이 있다.

④ **깐보다** : 어떤 형편이나 기회에 대해 마음속으로 가늠하다.

⑤ **두텁다** : 신의, 관계, 믿음, 인정 따위가 굳고 깊다.

06 강고(强固)

① 구심(求心)   ② 과다(過多)

③ 박약(薄弱)   ④ 경솔(輕率)

⑤ 완고(完固)

정답해설

• **강고(强固)** : 굳세고 튼튼함

③ **박약(薄弱)** : 굳세지 못하고 여림

① **구심(求心)** : 중심으로 쏠리는 힘

② **과다(過多)** : 너무 많음

④ **경솔(輕率)** : 언행이 진중하지 않고 가벼움

⑤ **완고(完固)** : 완전하고 튼튼함

🔊 이 문제 중요!
07 반목(反目)

① 갈등(葛藤) ② 알력(軋轢)

③ 화목(和睦) ④ 업보(業報)

⑤ 괄시(恝視)

정답해설
- **반목(反目)** : 서로서로 시기하고 미워함
- ③ **화목(和睦)** : 서로 뜻이 맞고 정다움
- ① **갈등(葛藤)** : 개인이나 집단 사이에 목표나 이해관계가 달라 서로 적대시하거나 충돌함
- ② **알력(軋轢)** : 서로 의견이 맞지 않아 사이가 안 좋거나 충돌하는 것을 이르는 말
- ④ **업보(業報)** : 선악의 행업으로 말미암은 과보
- ⑤ **괄시(恝視)** : 업신여겨 하찮게 대함

[08~09] 다음 밑줄 친 부분과 반대되는 뜻을 가진 단어를 고르시오.

총 문항 수 : 2문항 | 총 문제풀이 시간 : 14초 | 문항당 문제풀이 시간 : 7초

08 그렇게 **몽총한** 사람에게 친구가 많을 리 만무하다.

① 다붓하다 ② 의뭉하다

③ 아금받다 ④ 부닐다

⑤ 박정하다

정답해설
- **몽총하다** : 붙임성과 인정이 없이 새침하고 쌀쌀하다.
- ④ **부닐다** : 가까이 따르며 붙임성 있게 굴다.
- ① **다붓하다** : 매우 가깝게 붙어 있다.
- ② **의뭉하다** : 겉으로 보기에는 어리석어 보이나 속으로는 엉큼하다.
- ③ **아금받다** : 야무지고 다부지다.
- ⑤ **박정하다** : 인정이 박하다.

09 그는 열없어서 큰일을 하기에는 미덥지가 못하다.

① 설피다
② 도탑다
③ 안차다
④ 그악하다
⑤ 소략하다

 정답
해설
• **열없다** : 담이 작고 겁이 많다.
③ **안차다** : 겁이 없고 야무지다.
① **설피다** : 언행이 덜렁덜렁하고 거칠다.
② **도탑다** : 서로의 관계에 사랑이나 인정이 많고 깊다.
④ **그악하다** : 사납고 모질다.
⑤ **소략하다** : 꼼꼼하지 못하고 간략하다.

[10~11] 다음 밑줄 친 단어의 유의어를 고르시오.

총 문항 수 : 2문항 | 총 문제풀이 시간 : 14초 | 문항당 문제풀이 시간 : 7초

10 녀석은 시먹어서 도무지 어른들의 말을 귀담아 듣지 않는다.

① 헤식다
② 무람없다
③ 두남두다
④ 귀살쩍다
⑤ 우량하다

정답
해설
• **시먹다** : 버릇이 못되게 들어 남의 말을 듣지 않는 경향이 있다.
② **무람없다** : 예의를 지키지 않으며 삼가고 조심하는 것이 없다.
① **헤식다** : 바탕이 단단하지 못하여 헤지기 쉽다.
③ **두남두다** : 잘못을 두둔하다.
④ **귀살쩍다** : 일이나 물건 따위가 마구 얼크러져 정신이 뒤숭숭하거나 산란하다.
⑤ **우량하다** : 물건의 품질이나 상태가 좋다.

11. 공부하기 싫으면 밖에 나가서 놀지 남 공부하는데 왜 **쌩이질이야!**

① 거들먹거리다   ② 토라지다

③ 이죽거리다   ④ 귀찮게 하다

⑤ 어지럽히다

> **정답 해설** 쌩이질 : 한창 바쁠 때에 쓸데없는 일로 남을 귀찮게 구는 짓

1DAY

2DAY | 3DAY

소요시간		채점결과	
목표시간	1분 10초	총 문항수	18문항
실제 소요시간	( )분 ( )초	맞은 문항 수	( )문항
초과시간	( )분 ( )초	틀린 문항 수	( )문항

2. 단어의 상관관계

기출유형분석

⏱ 문제풀이 시간 : 7초

▶ 다음 제시된 단어의 상관관계를 파악한 뒤 이와 같은 관계인 것을 고르시오.

> 영구적(永久的) : 항구적(恒久的)

① 분산되다 : 집중하다　　　　② 사각사각 : 하늘하늘

③ 선거 : 국회의원　　　　　　④ 무턱대고 : 다짜고짜로

⑤ 망각 : 기억

 정답해설 유의관계이다.

- **영구적(永久的)** : 오래도록 변하지 아니하는, 또는 그런 것
- **항구적(恒久的)** : 변하지 아니하고 오래가는, 또는 그런 것
- **무턱대고** : 잘 헤아려 보지도 아니하고 마구
- **다짜고짜로** : 일의 앞뒤 상황이나 사정 따위를 미리 알아보지 아니하고 단박에 들이덤빔

 유형분석 이러한 유형에서는 제시된 비례식의 관계를 파악하는 것이 가장 중요하다. 단어들의 관계는 대표적으로 유의어 · 반의어 또는 상하의 포함관계를 이루거나, 용도의 관계를 나타내기도 한다. 제시된 단어는 평소에 잘 사용하지 않는 고유어나, 상식을 묻기도 하므로 다양한 문제를 풀어 익히고 연습해야 한다.

정답 ④

[01~11] 다음 제시된 단어의 상관관계를 파악한 뒤 이와 같은 관계인 것을 고르시오.

총 문항 수 : 11문항 | 총 문제풀이 시간 : 1분 17초 | 문항당 문제풀이 시간 : 7초

01 도로(道路) : 국도(國道)

① 우측 : 좌측
② 스승 : 제자
③ 부모 : 자녀
④ 남편 : 아내
⑤ 다각형 : 사각형

정답해설 도로(道路)와 국도(國道)는 상하 관계이며, 다각형과 사각형도 상하 관계이다. 나머지는 모두 어떤 의미를 보다 명확하게 하기 위하여 대응되는 상대(相對) 관계에 해당한다.

02 야당 : 정당

① 공업 : 산업
② 시간 : 장소
③ 사다 : 팔다
④ 화가 : 물감
⑤ 축구 : 농구

정답해설 야당은 정당의 하위 개념이고, 공업은 산업의 하위 개념이다.
• 정당 : 정치적인 주의나 주장이 같은 사람들이 정권을 잡고 정치적 이상을 실현하기 위하여 조직한 단체
• 야당 : 정당 정치에서, 현재 정권을 잡고 있지 않은 정당

03 운동화 : 짚신

① 모꼬지 : 두레
② 우수리 : 거스름돈
③ 우물 : 자리끼
④ 우비 : 도롱이
⑤ 계승 : 단절

정답해설 짚신은 오늘날 운동화의 역할을 했고, 도롱이는 오늘날의 우비를 말한다.
- **도롱이** : 짚, 띠 따위로 엮어 허리나 어깨에 걸쳐 두르는 비옷
① **모꼬지** : 놀이나 잔치 또는 그 밖의 일로 여러 사람이 모이는 일
② **우수리** : 1. 물건 값을 제하고 거슬러 받는 잔돈 2. 일정한 수나 수량에 차고 남는 수나 수량
③ **자리끼** : 밤에 자다가 마시기 위하여 잠자리의 머리맡에 준비하여 두는 물

04 발문(跋文) : 서문(序文)

① 일률(一律) : 획일(劃一) ② 알선(斡旋) : 주선(周旋)
③ 명석(明晳) : 총명(聰明) ④ 고가(高價) : 염가(廉價)
⑤ 편각(片刻) : 삽시(霎時)

정답해설 발문과 서문은 반의어 관계이므로 같은 관계를 고르면 고가와 염가이다.
- **발문(跋文)** : 책의 끝에 책에 관한 사항을 간략하게 적은 글
- **서문(序文)** : 책의 첫머리에 간략하게 적은 글 ㈜ 머리말
④ **염가(廉價)** : 매우 싼 값
② **알선(斡旋)** : 남의 일이 잘되도록 주선하는 일
⑤ **편각(片刻)** : 삽시간

05 어머니 : 모친(母親)

① 아버지 : 춘부장(春府丈) ② 아버지 : 가친(家親)
③ 딸 : 손주 ④ 아들 : 손자
⑤ 할아버지 : 선대인(先大人)

정답해설 모친(母親)은 살아계신 어머니를 남에게 일컫는 말이고, 살아계신 아버지를 남에게 일컬을 때는 가친(家親)이라고 한다.

TIP 부모에 대한 호칭어와 지칭어

대상자		호칭어	지칭어	
		대상자를 부를 때	대상자를 남에게 일컬을 때	남의 대상자를 일컬을 때
부	살아 계실 때	아버지	엄친(嚴親), 가친(家親)	춘부장(椿府丈), 대인(大人), 어르신, 어르신네
	돌아가셨을 때	현고(顯考)	선친(先親), 선고(先考)	선고장(先考丈), 선대인(先大人)
모	살아 계실 때	어머니	모친(母親), 자친(慈親)	대부인(大夫人), 자당(慈堂)
	돌아가셨을 때	현비(顯妣)	선비(先妣)	선대부인(先大夫人)

2DAY 3DAY

이 문제 중요!

06 맥주 : 보리

① 소주 : 밀가루　　　② 목화 : 비단
③ 초 : 파라핀　　　④ 건축가 : 빌딩
⑤ 도자기 : 유리

정답해설 맥주의 주원료는 보리이고, 초의 주원료는 파라핀이다.

07 시쁘다 : 흡족하다

① 올곧다 : 강항하다　　　② 버르집다 : 들춰내다
③ 반지빠르다 : 재빠르다　　　④ 실팍하다 : 튼실하다
⑤ 버름하다 : 꼭 맞다

정답해설 '시쁘다'와 '흡족하다'는 반의어 관계로, 보기에서 반의어 관계는 '버름하다'와 '꼭 맞다'이다.
• **시쁘다** : 마음에 차지 아니하고 시들하다.
⑤ **버름하다** : 물건의 틈이 꼭 맞지 않고 조금 벌어져 있다.
① **강항하다** : 올곧아 여간하여서는 굽힘이 없다.
② **버르집다** : 숨겨진 일을 밖으로 들추어내다.
③ **반지빠르다** : 말이나 행동 따위가 어수룩한 맛이 없이 얄미울 정도로 민첩하고 약삭빠르다.
④ **실팍하다** : 사람이나 물건 따위가 보기에 매우 실하다.

08 간헐(間歇) : 지속(持續)

① 능변(能辯) : 눌변(訥辯)　② 영원(永遠) : 영겁(永劫)
③ 박정(薄情) : 냉담(冷淡)　④ 공헌(貢獻) : 기여(寄與)
⑤ 도야(陶冶) : 수양(修養)

정답해설 간헐과 지속은 반의어 관계이므로 같은 관계를 고르면 능변과 눌변이다.
- **간헐(間歇)** : 얼마 동안의 시간 간격을 두고 되풀이하여 일어났다 쉬었다 함
① **능변(能辯)** : 말을 능숙하게 잘 함
　눌변(訥辯) : 더듬거리는 서툰 말솜씨

09 농어 : 껄떼기

① 매 : 능소니　② 명태 : 마래미
③ 고등어 : 고도리　④ 곰 : 개호주
⑤ 꿩 : 부룩소

정답해설 농어의 새끼를 '껄떼기'라고 하고 고등어의 새끼를 '고도리'라고 한다.

 동물의 새끼를 이르는 고유어
- **간자미** : 가오리의 새끼
- **개호주** : 범의 새끼
- **고도리** : 고등어의 새끼
- **꺼병이** : 꿩의 어린 새끼
- **노가리** : 명태의 새끼
- **능소니** : 곰의 새끼
- **마래미** : 방어의 새끼
- **발강이** : 잉어의 새끼
- **부룩소** : 작은 수소
- **송치** : 암소 배 속에 든 새끼

10 비 : 우산

① 고추장 : 된장　　　　　　　② 햇빛 : 선글라스
③ 슬리퍼 : 운동화　　　　　　④ 개나리 : 봄
⑤ 여자 : 남자

정답해설 우산은 비를 맞지 않기 위해 쓰고, 선글라스는 햇빛을 가리기 위해 쓴다.

11 재능 : 재간

① 계승 : 단절　　　　　　　　② 명민 : 우둔
③ 앙화 : 재앙　　　　　　　　④ 고향 : 이역
⑤ 수긍 : 소급

정답해설 재능과 재간은 동의어 관계이고, 앙화(殃禍)와 재앙(災殃)도 동의어 관계이다.
 • **앙화(殃禍)** : 지은 죄의 앙갚음으로 받는 재앙
 • **이역(異域)** : 1. 다른 나라의 땅 2. 본고장이나 고향이 아닌 다른 곳

소요시간		채점결과	
목표시간	1분 17초	총 문항수	11문항
실제 소요시간	( )분( )초	맞은 문항 수	( )문항
초과시간	( )분( )초	틀린 문항 수	( )문항

3. 어휘력

⏱ 문제풀이 시간 : 4초

▶ 다음 제시된 어구 풀이에 해당하는 가장 알맞은 단어를 고르시오.

바다 위에 낀 짙은 안개

① 운무　　　　　　　　　② 해거름
③ 해미　　　　　　　　　④ 햇무리
⑤ 연무

정답해설 ③ 해미 : 바다 위에 낀 매우 짙은 안개

오답해설 ① 운무 : 구름과 안개 또는 '아주 의심스러운 일'을 비유하여 이르는 말
② 해거름 : 해가 질 무렵
③ 햇무리 : 해의 둘레에 나타나는 흰 빛의 테로, 권층운의 얼음 조각에 빛이 반사하여 생김
⑤ 연무 : 습도가 비교적 낮을 때 미세한 입자로 인해 공기가 뿌옇게 보이는 현상

정답 ③

[01~03] 다음 제시된 어구 풀이에 해당하는 가장 알맞은 단어를 고르시오.

총 문항 수 : 3문항 | 총 문제풀이 시간 : 12초 | 문항당 문제풀이 시간 : 4초

01 일에는 마음을 두지 않고 쓸데없이 다른 짓을 함

① 해찰   ② 배래

③ 희나리   ④ 자리끼

⑤ 몽짜

정답해설
② **배래** : 육지에서 멀리 떨어져 있는 바다 위
③ **희나리** : 채 마르지 않은 장작
④ **자리끼** : 밤에 자다가 마시기 위해 잠자리의 머리맡에 준비하여 두는 물
⑤ **몽짜** : 음흉하고 심술궂게 욕심을 부리는 짓

02 일이 완전히 끝나다

① 추레하다   ② 해끔하다

③ 헌칠하다   ④ 멱차다

⑤ 깔축없다

정답해설
④ **멱차다** : 1. 일이 끝나다 2. 더 이상 할 수 없는 한도에 이르다.
① **추레하다** : 겉모양이 깨끗하지 못하고 생기가 없다.
② **해끔하다** : 조금 하얗고 깨끗하다.
③ **헌칠하다** : 키나 몸집 따위가 보기 좋게 어울리도록 크다.
⑤ **깔축없다** : 조금도 축나거나 버릴 것이 없다.

03 몹시 힘에 겨운 일을 이루려고 갖은 애를 쓰는 모양

① 실팍지다　　　　　　② 애면글면
③ 즈런즈런　　　　　　④ 곰비임비
⑤ 애오라지

정답해설
① 실팍지다 : 사람이나 물건 따위가 보기에 매우 실한 데가 있다.
③ 즈런즈런 : 살림살이가 넉넉하여 풍족한 모양
④ 곰비임비 : 물건이 거듭 쌓이거나 일이 계속 일어남을 나타내는 말
⑤ 애오라지 : '겨우' 또는 '오로지'를 강조하여 이르는 말

[04~06] 다음 주어진 어구의 밑줄 친 부분과 같은 뜻으로 사용된 것을 고르시오.

총 문항 수 : 3문항 | 총 문제풀이 시간 : 21초 | 문항당 문제풀이 시간 : 7초

04 그렇게 먹을 것을 <u>밝히더니</u> 저렇게 살이 쪘다.

① 돈을 그렇게 <u>밝히더니</u> 남의 돈을 떼먹고 도주했다.
② 그곳은 신분을 <u>밝혀야</u> 출입할 수 있다.
③ 그는 이번 사건의 진실을 <u>밝히겠다</u>며 동분서주했다.
④ 시험공부 때문에 밤을 꼬박 <u>밝혔다</u>.
⑤ 그는 어둠을 <u>밝히는</u> 빛과 같은 존재였다.

정답해설
① 드러나게 좋아하다.
② 드러나지 않거나 알려지지 않은 사실, 내용, 생각 따위를 드러내 알리다.
③ 진리, 가치, 옳고 그름 따위를 판단하여 드러내 알리다.
④ 자지 않고 지내다.
⑤ 불빛 따위가 환하다.('밝다'의 사동사)

05 그의 혼이 담긴 바이올린 연주에 표현할 <u>길</u>이 없는 감동이 밀려왔다.

① 참된 학생을 길러내는 참된 스승의 <u>길</u>은 멀고도 험하다.
② 문명의 발원지에 서서 인류가 발전해 온 <u>길</u>을 돌아본다.
③ 큰소리치던 그는 결국 숲 속에서 <u>길</u>을 잃고 한참을 헤매었다.
④ 학교에서 돌아오는 <u>길</u>에 어린 시절 동네 친구를 우연히 마주쳤다.
⑤ 갑작스레 직장을 잃게 되니 앞으로 먹고 살 <u>길</u>이 막막하기만 하다.

정답해설
⑤ 방법이나 수단
① 어떤 자격이나 신분으로서 주어진 도리나 임무
② 시간의 흐름에 따라 개인의 삶이나 사회적 · 역사적 발전 따위가 전개되는 과정
③ 걷거나 탈것을 타고 어느 곳으로 가는 노정
④ 어떠한 일을 하는 도중이나 기회

🔊 **이 문제 중요!**

06 그의 행동을 실수로 <u>보아</u> 넘길 수가 없다.

① 그는 큰 시험을 앞두고 불안한 마음에 점을 <u>보고</u> 왔다.
② 그는 사람을 만만하게 <u>보는</u> 경향이 있다.
③ 학교를 졸업한 이후 처음으로 친구들을 <u>보았다</u>.
④ 전자 제품을 살 때는 꼼꼼히 따져 <u>봐야</u> 해.
⑤ 그녀는 한 번 시작하면 끝장을 <u>본다</u>.

정답해설
② 대상을 평가하다.
① 점 따위로 운수를 알아보다.
③ 사람을 만나다.
④ 어떤 행동을 시험 삼아 함을 나타내는 말
⑤ 어떤 결과나 관계를 맺기에 이르다.

[07~08] 다음 밑줄 친 부분의 쓰임이 적절하지 않은 것을 고르시오.

총 문항 수 : 2문항 | 총 문제풀이 시간 : 10초 | 문항당 문제풀이 시간 : 5초

07

① 향긋한 꽃 내음이 봄이 오고 있음을 알려주었다.
② 고랭지 배추는 일반 배추에 비해 값이 비싸다.
③ 사글세로 신접살림을 시작했지만 어느 부부보다도 행복했다.
④ 나는 해피란 이름의 숫강아지 한 마리를 키우고 있다.
⑤ 몇 가지 옷만 넣고 단출하게 여행 가방을 쌌다.

정답해설 숫강아지 → 수캉아지 : 수컷을 이르는 접사로는 '수-'를 쓰는 것을 원칙으로 하며, 숫양 · 숫염소 · 숫쥐와 같이 사람들이 많이 사용해 굳어진 경우는 '숫-'을 쓸 수 있다. 하지만 '수+ㅎ'이 완전히 사라지지 않고 남아 있어 수캉아지, 수탕나귀, 수캐, 수톨쩌귀, 수컷, 수퇘지, 수키와, 수평아리, 수탉 등은 '수-' 뒤에 오는 첫소리를 거센소리로 적어야 한다.

📢 이 문제 중요*
08

① 조카의 첫 돌을 맞아 금반지를 선물했다.
② 그녀의 웃음이 적이 붉게 보였다.
③ 선배에 비하면 우리는 풋내기에 지나지 않았다.
④ 친한 친구의 결혼이라 부주금을 넉넉하게 준비했다.
⑤ 내로라하는 정계의 인사들이 한곳에 모였다.

정답해설 부주금 → 부조금(扶助金) : 어원 의식이 있는 단어는 양성 모음 그대로를 표준어로 한다.

[09~10] 다음 문장에서 밑줄 친 부분의 쓰임이 적절한 것을 고르시오.

총 문항 수 : 2문항 | 총 문제풀이 시간 : 10초 | 문항당 문제풀이 시간 : 5초

09

① <u>설겆이</u>는 해도 해도 끝이 없다.
② 승훈이에게 스케이트로 전향해 보라고 <u>넌즈시</u> 권했다.
③ 이집은 <u>메밀국수</u>로 유명하다.
④ 슬기는 귀찮은 일에 나서기를 <u>서슴치</u> 않는다.
⑤ 여름이면 처녀애들은 손톱에 <u>봉숭화</u> 물을 들이기에 바빴다.

① 설겆이 → 설거지
② 넌즈시 → 넌지시
④ 서슴치 → 서슴지
⑤ 봉숭화 → 봉선화/봉숭아

10

① 풍선을 잡으려 발끝을 세우고 <u>아둥바둥</u>했다.
② 그렇게 <u>티각태각</u> 싸우다 정들라.
③ 사고방식이 <u>케케묵어서</u> 다른 사람과는 대화가 되지 않았다.
④ 물가가 <u>천정부지</u>로 치솟았다.
⑤ 도와주려고 했는데 <u>되려</u> 폐만 끼쳤습니다.

① 아둥바둥 → 아등바등
② 티각태각 → 티격태격
③ 계계묵어서 → 케케묵어서
⑤ 되려 → 되레

소요시간		채점결과	
목표시간	53초	총 문항수	10문항
실제 소요시간	( )분 ( )초	맞은 문항 수	( )문항
초과시간	( )분 ( )초	틀린 문항 수	( )문항

[11~14] 다음 문장을 읽고 빈칸에 들어갈 적절한 단어를 고르시오.

총 문항 수 : 4문항 | 총 문제풀이 시간 : 1분 | 문항당 문제풀이 시간 : 12~15초

11

요즘 유행하는 옷들은 남녀의 (   )이 없는 경우가 많다.

① 구분(區分)　　　　② 구별(區別)
③ 식별(識別)　　　　④ 판별(判別)
⑤ 단정(斷定)

② 구별(區別) : 성질이나 종류에 따라 차이가 남
① 구분(區分) : 일정한 기준에 따라 전체를 몇 개로 갈라 나눔
③ 식별(識別) : 분별하여 알아봄
④ 판별(判別) : 옳고 그름이나 좋고 나쁨을 판단하여 구분함
⑤ 단정(斷定) : 딱 잘라서 판단하고 결정함

📢 이 문제 중요!★

12

지난달 생산자물가는 국제유가 하락에 따른 공산품 가격 안정에 힘입어 전월(前月)과 거의 차이 없는 (   )를 기록한 것으로 나타났다.

① 보합세(保合勢)　　　　② 폭등세(暴騰勢)
③ 반등세(反騰勢)　　　　④ 급락세(急落勢)
⑤ 급등세(急騰勢)

3일 벼락치기 삼성 GSAT(통합형)

정답해설
① 보합세(保合勢) : 거의 변동 없이 그대로 유지되는 시세
② 폭등세(暴騰勢) : 물건의 값이나 주가 따위가 갑자기 큰 폭으로 오르는 형세
③ 반등세(反騰勢) : 물가나 주식 따위의 시세가 떨어지다가 갑자기 오르는 기세
④ 급락세(急落勢) : 물가나 시세 따위가 갑자기 떨어지는 기세
⑤ 급등세(急騰勢) : 물가나 시세 따위가 갑자기 오르는 기세

13

스칸디나비아 항공의 얀 칼슨 사장은 1970년대 말 오일쇼크로 세계적인 불황을 맞은 항공사의 서비스 혁신을 단행했다. 그는 고객과 직원들이 만나는 15초의 짧은 순간이야말로 중요한 순간이며, 이 15초 동안에 고객 접점에 있는 직원이 책임과 권한을 가지고 자사를 선택한 고객의 결정이 최선이었음을 입증해야 한다고 생각했다. 고객 접점 서비스가 그렇게 중요한 이유는 (   )의 법칙이 적용되기 때문이다. 즉 고객과 만나게 되는 직원들 중 단 한 명이라도 0점짜리 서비스로 평가 받는다면 모든 서비스는 0점이 되어버린다. 이러한 인식을 바탕으로 한 혁신을 통해 만년 적자에서 단번에 흑자를 내는 회사로 변신했다.

① 대표성
② 곱셈
③ 누적
④ 만족
⑤ 대수

정답해설 지문에서 '고객과 만나게 되는 직원들 중 단 한 명이라도 0점짜리 서비스로 평가 받는다면 모든 서비스는 0점이 되어버린다'는 문장에서 전체 만족도는 각각의 만족도를 모두 합하거나 나눈 값이 아니라 '곱셈'의 법칙이 적용된 값이라는 것을 알 수 있다. 어떤 계산식에서 하나라도 0이 있을 때 항상 0이 되는 경우는 곱셈을 할 경우에만 해당하기 때문이다.

14

헷갈리는 상황에서 기억할 만한 원칙이 바로 '의심스러울 때는 (   )의 이익으로' 해석하라는 것입니다. 전세 분쟁에서 세입자의 이익을 우선으로 하는 것이 그 예입니다.

① 행위자　　　　　② 강자
③ 다수자　　　　　④ 타자
⑤ 약자

정답해설 '전세 분쟁'은 세입자와 집주인 간의 갈등을 말한다. 세입자와 집주인은 갑과 을의 관계로 집주인이 소유한 집에 세를 들어 사는 세입자는 약자의 입장일 수밖에 없다. 따라서 세입자의 이익을 우선으로 하는 것은 약자의 이익을 우선하라는 의미이다.

4. 접속어

⏰ 문제풀이 시간 : 12초

▶ 빈칸에 들어갈 가장 적절한 접속어를 고르시오.

연구진은 쥐를 대상으로 한 연구에서, 비만인 쥐는 ER(형질내세망)의 스트레스가 증가한 상태라는 것을 발견하였다. ( ) 이런 사태는 비만이 발생한 상황에서 ER이 위축되어 제대로 그 기능을 발휘하지 못하기 때문이다.

① 오히려　　　　　　　　② 그러나
③ 곧　　　　　　　　　　④ 왜냐하면
⑤ 즉

정답해설 문장의 마지막이 '때문이다'로 끝나며 이유를 설명하는 것이므로 '왜냐하면'이 들어가야 한다.
④ **왜냐하면** : 왜 그러냐 하면

오답해설 ① **오히려** : 일반적인 기준이나 예상, 짐작, 기대와는 전혀 반대가 되거나 다르게
③ **곧** : 다름 아닌 바로
⑤ **즉** : 다시 말하여

정답 ④

[01~04] 빈칸에 들어갈 가장 적절한 접속어를 고르시오.

총 문항 수 : 4문항 | 총 문제풀이 시간 : 50초 | 문항당 문제풀이 시간 : 7~15초

01

인종을 구별할 때에는 대체적으로 얼굴 구조와 같은 신체적 특징, 특히 피부색 등을 매개로 분류한다. (   ) 인간에게는 번식방법의 사회적 규정으로 '혼인'이라는 제도가 존재하기 때문에 순수한 인종이란 드물다.

① 즉   ② 그러나
③ 또한   ④ 그래서
⑤ 그러므로

 ① 즉 : 다시 말하여
③ 또한 : 그 위에 더. 또는 거기에다 더
④ 그래서 : 앞의 내용이 뒤의 내용의 원인이나 근거, 조건 따위가 될 때 쓰는 접속 부사
⑤ 그러므로 : 앞의 내용이 뒤의 내용의 원인이나 근거, 조건 따위가 될 때 쓰는 접속 부사

📣 이 문제 주의★

02

'언어는 사고를 규정한다'고 주장하는 연구자들은 인간이 언어를 통해 사물을 인지한다고 말한다. (　　) 우리나라 사람은 '벼'와 '쌀'과 '밥'을 서로 다른 것으로 범주화하여 인식하는 반면, 에스키모인은 하늘에서 내리는 눈, 땅에 쌓인 눈, 얼음처럼 굳어서 이글루를 지을 수 있는 눈을 서로 다른 것으로 범주화하여 파악한다. 이처럼 언어는 사물을 자의적으로 범주화한다. 그래서 인간이 언어를 통해 사물을 파악하는 방식도 다양할 수밖에 없다.

① 요컨대　　　　　　　　　② 그러므로
③ 예를 들어　　　　　　　　④ 그래서
⑤ 또한

정답 해설 괄호 뒤의 문장은 괄호 앞 문장에 대한 부연 설명이므로 '예를 들어'가 와야 한다.
그래서 : 앞의 내용이 뒤의 내용의 원인이나 근거, 조건 따위가 될 때 쓰는 접속 부사

03

박은식에 의하면 혼(魂)은 민족마다 다 있지만, 또 각기 다른 것이 있다. 가령, 중국의 혼(魂)은 문학에 의탁을 하였고, 돌궐의 혼(魂)은 종교에 의탁하는 등의 차이점이 있다고 본 것이다. (　　) 정인보에 있어서는 '저(나, 자기)'로서의 분발이라야 힘이 있는 것이라고 강조하고 있다. (　　) 이들은 보편성을 토대로 한국사의 특수성을 생각하고 있는 것이 분명하다. 다만 이 양자의 관계에 대해 이론적인 해명은 되어있지는 않으며, 결국의 특수성 내지는 고유성이 보다 강조되는 인상조차 받게 된다.

① 곧 – 바꾸어 말하면　　　　② 한편 – 그러나
③ 또 – 그러므로　　　　　　④ 가령 – 따라서
⑤ 요컨대 – 그리고

정답 해설 또 : 그뿐만 아니라 다시 더

04

> 빛은 세상에서 가장 빠른 속도로 달린다. (　) 이 우주의 은하계는 매우 넓어서 그렇게 빨리 달리는 빛에게도 우주를 가로지르는 일은 보통 일이 아니다. (　) 어떤 별에서 오는 빛은 우리 지구까지 오는데 수억 년씩 걸리기도 한다. (　) 우리는 까마득한 과거의 하늘과 과거의 별을 보고 있는 것이다.

① 그러나 – 오히려 – 즉 　② 그러나 – 그래서 – 결국
③ 그리고 – 오히려 – 즉 　④ 그리고 – 그래서 – 결국
⑤ 반면 – 그래서 – 또한

정답 해설 첫 번째 빈칸은 앞의 내용과 뒤의 내용이 상반되는 내용이므로 '그러나'가 적절하다. 두 번째 빈칸은 두 번째 문장과 순접 관계에 있으므로 '그래서'가 적합하다. 마지막 문장은 앞 문장들의 결과이므로 세 번째 빈칸에는 '결국'이 들어가는 것이 적절하다.

5. 문장배열

[01~04] 다음 문장을 읽고 순서에 맞게 나열한 것을 고르시오.

총 문항 수 : 4문항 | 총 문제풀이 시간 : 2분 40초 | 문항당 문제풀이 시간 : 40초

01

가. 우리의 전통 양식인 탈춤에 등장하는 탈들의 독특한 표정은 그러한 사실을 뒷받침하는 훌륭한 증거가 된다.

나. 그러나 우리의 전래민요나 고전소설 등을 통하여 볼 때, 우리 민족은 지나치다고 할 정도로 풍부한 감정을 지니고 있는 민족이다.

다. 외국인들은 흔히 한국 사람은 표정이 없다 하여, 우리 민족이 감정이 풍부하지 못한 민족이라고 한다.

라. 따라서 외국인들의 평가는 표면만 보고 그 내면까지 지레 짐작하는 장님 코끼리 만지기식의 오류를 범한 것이다.

① 가 - 나 - 다 - 라   ② 가 - 다 - 나 - 라
③ 다 - 가 - 나 - 라   ④ 다 - 나 - 가 - 라
⑤ 다 - 라 - 나 - 가

정답해설 외국인들은 흔히 한국 사람은 표정이 없다 하여, 우리 민족이 감정이 풍부하지 못한 민족이라고 한다. → 그러나 우리의 전래민요나 고전소설 등을 통하여 볼 때, 우리 민족은 지나치다고 할 정도로 풍부한 감정을 지니고 있는 민족이다. → 우리의 전통 양식인 탈춤에 등장하는 탈들의 독특한 표정은 그러한 사실을 뒷받침하는 훌륭한 증거가 된다. → 따라서 외국인들의 평가는 표면만 보고 그 내면까지 지레 짐작하는 장님 코끼리 만지기식의 오류를 범한 것이다.

02

가. 일반 농가에서는 메주를 더운 방에다 짚을 깔고 드문드문 놓아 볏짚과 공기로부터 미생물들이 메주로 들어가게 한다.

나. 이 과정은 메주를 발효시키고 숙성시키는 데 매우 중요하므로 온도와 습도가 적절하게 유지되어야 한다.

다. 우선 콩을 삶아 절구에 으깬 것을 둥글거나 네모나게 빚어 단단하게 만든다.

라. 예전에는 집집마다 메주를 직접 만들어 장을 담갔다.

① 가 – 나 – 라 – 다   ② 가 – 다 – 라 – 나
③ 다 – 가 – 나 – 라   ④ 라 – 나 – 가 – 다
⑤ 라 – 다 – 가 – 나

정답해설 예전에는 집집마다 메주를 직접 만들어 장을 담갔다. → 우선 콩을 삶아 절구에 으깬 것을 둥글거나 네모나게 빚어 단단하게 만든다. → 일반 농가에서는 메주를 더운 방에다 짚을 깔고 드문드문 놓아 볏짚과 공기로부터 미생물들이 메주로 들어가게 한다. → 이 과정은 메주를 발효시키고 숙성시키는 데 매우 중요하므로 온도와 습도가 적절하게 유지되어야 한다.

03

가. 집단생활을 하는 것은 인간만이 아니다.

나. 특히 유인원은 혈연적 유대를 기초로 하는 가족이나 가족 집단이 있고, 성에 의한 분업이 행해지며 새끼를 위한 공동 작업도 있어 인간의 가족생활과 유사한 점이 많다.

다. 그러나 이것은 다만 본능에 따른 것이므로 창조적인 인간의 그것과는 구별된다.

라. 유인원, 어류, 조류, 곤충류 등도 일정한 영토를 확보하고 집단생활을 하며, 그 안에는 계층적 차이까지 있다.

마. 따라서 이들의 집단을 군집이라고 하고 인간의 집단을 사회라고 불러 이들을 구별한다.

① 가 – 다 – 라 – 나 – 마   ② 가 – 라 – 나 – 다 – 마
③ 라 – 가 – 나 – 다 – 마   ④ 라 – 다 – 가 – 나 – 마
⑤ 라 – 가 – 나 – 마 – 다

정답해설 집단생활을 하는 것은 인간만이 아니다. → 유인원, 어류, 조류, 곤충류 등도 일정한 영토를 확보하고 집단생활을 하며, 그 안에는 계층적 차이까지 있다. → 특히 유인원은 혈연적 유대를 기초로 하는 가족이나 가족 집단이 있고, 성에 의한 분업이 행해지며 새끼를 위한 공동 작업도 있어 인간의 가족생활과 유사한 점이 많다. → 그러나 이것은 다만 본능에 따른 것이므로 창조적인 인간의 그것과는 구별된다. → 따라서 이들의 집단을 군집이라고 하고 인간의 집단을 사회라고 불러 이들을 구별한다.

📢 이문제중요!★
04

가. 꿀벌의 경우 자기의 벌집 앞에서 날개를 파닥거리며 맴을 돎으로써 다른 벌에게 먹이가 있는 방향과 거리를 알려 준다고 한다.

나. 의사 전달에 사용되는 수단이 극히 제한되어 있고, 그것이 표현하는 의미도 매우 단순하기 때문이다.

다. 사람 이외의 다른 동물들이 언어를 가졌다는 증거는 아직 나타나지 않았다.

라. 그러나 동물의 이러한 의사 교환의 방법은 사람의 말에 비교한다면 불완전하기 짝이 없다.

① 가 – 나 – 라 – 다   ② 가 – 다 – 나 – 라
③ 다 – 가 – 라 – 나   ④ 다 – 라 – 나 – 가
⑤ 다 – 나 – 가 – 라

정답해설 사람 이외의 다른 동물들이 언어를 가졌다는 증거는 아직 나타나지 않았다. → 꿀벌의 경우 자기의 벌집 앞에서 날개를 파닥거리며 맴을 돎으로써 다른 벌에게 먹이가 있는 방향과 거리를 알려 준다고 한다. → 그러나 동물의 이러한 의사 교환의 방법은 사람의 말에 비교한다면 불완전하기 짝이 없다. → 의사 전달에 사용되는 수단이 극히 제한되어 있고, 그것이 표현하는 의미도 매우 단순하기 때문이다.

소요시간		채점결과	
목표시간	4분 30초	총 문항수	12문항
실제 소요시간	( )분 ( )초	맞은 문항 수	( )문항
초과시간	( )분 ( )초	틀린 문항 수	( )문항

6. 독해

⏰ 문제풀이 시간 : 40초

▶ 다음 글의 주제로 가장 적절한 것을 고르시오.

'동조(同調)'는 다른 사람의 주장에 자기의 의견을 일치시키는 것을 말하는데, 다른 사람들과 의견이 다를 경우 사람들이 불안함을 느끼는 것은 이러한 동조 현상을 바탕으로 한 감정이다.

'집단 따돌림'은 동조현상의 대표적인 유형이라고 할 수 있다. 따돌림은 비슷한 또래의 집단규범 및 관습이 유사한 구성원들 사이에서 이루어진다. 또한 그 집단 안에서 따돌림의 대상은 돌아가면서, 무차별적으로 이루어진다. 따라서 따돌림에 동조하지 않아도 함께 하지 않으면 자신이 따돌림을 받기 때문에 어쩔 수 없이 행하는 경우가 많다.

이러한 따돌림은 다른 사람들과의 다름을 인정하지 못하기 때문에 일어난다. 다른 사람의 개성을 '다름'으로 생각하고, 여럿이 함께 해야 한다는 대다수의 의견들이 모여 한 사람을 따돌리게 되는 것이다.

① 집단 따돌림의 원인과 해결 방안
② 동조현상에 기반을 둔 집단 따돌림
③ 동조현상의 다양한 유형
④ 집단 따돌림의 문제점
⑤ 집단 따돌림이 사회에 미치는 영향

정답해설 제시된 글은 동조현상을 바탕으로 한 대표적인 유형인 집단 따돌림에 관해 설명하고 있다. 집단 따돌림은 결국 다른 사람들의 개성 등을 인정하지 못하거나 받아들이지 못하는 사람들이 만들어낸 동조현상의 극단적인 유형이라고 할 수 있다.

정답 ②

[01~07] 다음 주어진 글을 읽고 물음에 답하시오.

총 문항 수 : 7문항 | 총 문제풀이 시간 : 7분 | 문항당 문제풀이 시간 : 1분

01 다음 글의 주제로 가장 적절한 것은?

세계적인 마이크로크레디트 단체인 방글라데시의 '그라민은행'은 융자를 희망하는 최저 빈곤층 여성들을 대상으로 공동 대출 프로그램을 운영하고 있다. 이 프로그램은 다섯 명이 자발적으로 짝을 지어 대출을 신청하도록 해, 먼저 두 명에게 창업 자금을 제공한 후 이들이 매주 단위로 이루어지는 분할 상환 약속을 지키면 그 다음 두 사람에게 돈을 빌려 주고, 이들이 모두 상환에 성공하면 마지막 사람에게 대출을 해 주는 방식으로 운영된다. 이들이 소액의 대출금을 모두 갚으면 다음에는 더 많은 금액을 대출해 준다. 이런 방법으로 '그라민은행'은 99%의 높은 상환율을 달성할 수 있었고, 장기 융자 대상자 중 42%가 빈곤선에서 벗어난 것으로 알려졌다.

마이크로크레디트는 아무리 작은 사업이라도 자기 사업을 벌일 인적 · 물적 자본의 확보가 자활의 핵심 요건이라고 본다. 한국에서 이러한 활동을 펼치는 '사회연대은행'이 대출뿐 아니라 사업에 필요한 지식과 경영상의 조언을 제공하는 데 주력하는 것도 이와 관련이 깊다. 이들 단체의 실험은 금융 공공성이라는 가치가 충분히 현실화될 수 있으며, 이를 위해서는 사람들의 행동과 성과에 실질적인 영향을 미칠 유효한 수단을 확보하는 일이 관건임을 입증한 대표적인 사례라고 할 수 있다.

① 자활의 핵심 요건으로서 자본 확보의 중요성
② 마이크로크레디트의 금융 공공성 실현
③ 그라민은행의 공동 대출 프로그램
④ 한국의 사회연대은행과 마이크로크레디트의 관계
⑤ 금융 공공성 실현을 위한 유효 수단 확보 방안

> **정답해설** 예문은 세계적인 마이크로크레디트 단체인 그라민은행의 사례를 통해 금융 공공성이라는 가치가 충분히 현실화될 수 있으며, 이를 위해서는 유효한 수단을 확보하는 일이 관건임을 입증하고 있다.

02 다음 글의 주제로 가장 적절한 것은?

신분 상승은 문화를 통해서만 이루어진다. 그런데 문화는 오랜 시간의 학습을 통해서만 형성된다. 일례로 어릴 때부터 미술과 음악을 가까이 했던 사람만이 어른이 되어서도 미술과 음악을 즐길 수 있다. 현대사회에서 음악이나 미술은 더 이상 가난한 천재의 고통스러운 수고를 통해 얻어진 결실이 아니다. 그것은 이제 계급적인 사치재가 되었다. 불평등은 경제 분야에만 있는 것이 아니라, 오히려 문화 분야에서 더욱 두드러진다. 재벌 총수나 거리의 미화원이 똑같은 스테이크와 똑같은 김치찌개를 먹을 수는 있지만, 베르디의 음악을 즐기는 상류층의 취향을 하류층은 이해할 수 없다. 경제와 마찬가지로 문화에서도 사람들은 표면적으로는 평등하지만 실제적으로는 사회적 상황과 교육수준에 따라 천차만별이다. 결국 문화적 고귀함은 일부 계층에게만 존재한다. 그러므로 진정 사회적 평등을 이루고 싶다면 문화를 저변에 보급하는 교육에 관심을 기울여야 한다.

① 음악과 미술은 신분을 나타내는 중요한 요소이다.
② 사회적 평등을 위해서는 상류층의 취향을 가르치는 교육이 필요하다.
③ 진정한 사회적 평등을 이루려면 문화에 대한 저변 확대가 이루어져야 한다.
④ 어렸을 때부터 음악과 미술을 가까이 하는 문화 조기교육에 관심을 기울여야 한다.
⑤ 문화는 오랜 시간의 학습을 통해서 형성되는 것이므로 궁극적인 사회적 평등은 불가능하다.

정답 해설 제시문은 불평등이 경제적인 측면에서만이 아니라 문화적인 면에서도 존재하며, 특히 문화적인 면에서의 불평등은 쉽게 해결될 수 없다는 점에서 참된 사회적 평등을 이루기 위해서는 문화를 저변에 확대하는 교육이 필요하다고 주장한다. 필자의 궁극적인 주장은 마지막 문장에 잘 드러나 있다.

03 다음 글의 내용과 일치하는 것은?

피를 더럽히는 주범은 쓸모없이 많은 영양분들인데 그중에서 나쁜 콜레스테롤, 중성지방이 대표적이다. 한방에서는 이렇게 순환되지 않고 죽은 피를 어혈로 본다. 건강의 암적인 요소인 어혈을 약물을 쓰지 않고 몸 밖으로 뽑아내 혈액순환을 원활하게 하는 한의학적 침법에는 금진옥액요법, 두피침요법, 어혈침요법, 청비침요법이 있다. 금진옥액요법은 혀 아래 정맥에서 상당히 많은 양의 어혈을 제거할 수 있으며 혈액순환장애로 오는 각종 질병에 특효이다. 시술한 부위에서 실타래 같은 섬유소가 많이 나오고 피가 탁할수록 어혈이 많은 상태라고 본다. 두피침요법은 두피를 침으로 가볍게 수십 차례 두드려 호흡법을 통해 두피 속의 죽은피를 흐르게 하는 사혈요법이다. 시술 즉시 눈이 맑아지며 어지럽고 머리가 아픈 데 특효이다. 어혈침요법은 팔다리에 고여 있는 어혈을 침으로 정해진 혈자리를 자극하여 탁한 피를 출혈시키는 방법이다. 손발이 붓고 차고 저린 데 탁월한 효과가 있다. 청비침요법은 콧속의 어혈을 빼내는 것으로 코가 막혀 있을 때 부어 있는 비강 내 점막을 빠르게 가라앉혀 숨 쉬기 편하게 하고 편두통 및 이마, 눈 쪽으로 통증이 있는 경우에도 효과가 빠르다.

① 손발이 붓고 차가울 때는 어혈침요법으로 시술한다.
② 금진옥요법은 제거할 수 있는 어혈량이 가장 많은 침법이다.
③ 두피침요법은 두피의 혈자리를 자극하여 탁한 피를 출혈시키는 침법이다.
④ 청비침요법은 콧속의 어혈을 빼내는 것으로 편두통 치료와는 관계없다.
⑤ 두피침요법과 청비침요법은 함께 시술하기에 상극인 요법이다.

정답해설
② 몸 밖으로 뽑아낼 수 있는 어혈량의 침법별 비교에 대한 내용은 지문에 없다.
③ 두피침요법은 호흡을 통해 두피 속의 죽은피를 흐르게 하는 침법이다.
④ 청비침요법은 편두통 및 이마, 눈 쪽으로 통증이 있는 경우에도 효과가 빠르다.
⑤ 두피침요법과 청비침요법의 공통점 및 차이점을 비교한 내용은 지문에 없다.

04 다음 글의 내용과 일치하지 않는 것은?

이미지를 생산·유포하는 기술의 급속한 발달은 우리가 이미지의 홍수에 휩쓸려 떠내려가고 있다는 느낌을 갖게 한다. 신문, 텔레비전, 컴퓨터 등을 통해 생산되고 전파되는 이미지들은 우리를 둘러싸고 있는 자연 환경과도 같이 우리 삶의 중요한 부분을 차지하고 있다.

시각적 이미지의 과도한 증식 현상과 맞물려 그에 대한 우려와 비판의 목소리도 한층 높아지고 있다. 그러한 비판의 내용은 시각 이미지의 물결이 우리의 지각을 마비시키고 주체의 성찰 기능을 앗아간다는 것이다. 시각 이미지는 바라보고 그 의미를 해독해야 할 대상으로 존재하는 것이 아니라, 우리를 자극하고 사라져 버릴 뿐이다. 더욱이 그렇게 스치고 지나가는 시각 이미지들이 현실을 덮어 버림으로써 우리의 현실감은 마비된다. 더 나아가 시공을 넘나드는 이미지의 초역사성으로 말미암아 우리의 역사 감각, 시간 의식의 작동도 불가능하게 된다.

이미지 범람 현상에 대한 또 다른 우려의 목소리도 있다. 현대의 인간이 누가 생산해 내는지도 모르는 이미지를 단순히 수동적으로 소비함으로써, 그러한 이미지를 비판하면서 주체적으로 새로운 이미지를 꿈꿀 수 있는 기회를 빼앗기게 된다는 것이다. 더욱이 컴퓨터 그래픽 등 디지털 기술의 발달은 자유롭게 가상 현실을 만들어 내는 것을 가능하게 하여 가상 현실과 실제 세계를 명확히 구분하지 못하게 한다. 이렇게 이미지에 이끌리는 인간의 삶은 결국 이미지를 통해 모든 것을 얻고, 수정하고, 모방·생산할 수 있다고 믿는 환상 속의 삶으로 전락하고 만다.

① 이미지의 초역사성은 인간의 현실감을 약화시키고, 더 나아가 우리의 역사 감각, 시간 의식의 작동도 불가능하게 한다.

② 이미지 과잉 현상의 문제는 이미지의 생산, 유포, 소멸과 관련되어 있다.

③ 발달된 이미지 생산 기술은 가상 세계를 실제 세계로 착각하게 할 위험이 있다.

④ 이미지를 생산하는 위치에 서지 않는 한 이미지의 범람에 효과적으로 대처할 수 없다.

⑤ 이미지의 과도한 범람은 이미지의 주체적·비판적 수용을 어렵게 한다.

④는 예문과 부합하지 않는다. 예문에 언급된, 이미지를 단순히 수동적으로 소비함으로써 주체적으로 새로운 이미지를 꿈꿀 수 있는 기회를 빼앗기게 된다는 것을, 이미지를 생산하는 위치에 서야 한다는 뜻으로 보기에는 무리가 있다.

05 다음 글의 내용과 일치하지 않는 것은?

휴식이 주는 효과는 디폴트 네트워크(default network)로 설명될 수 있다. 이 영역은 우리 뇌가 소모하는 전체 에너지의 60~80%를 차지하는데, 뇌에서 안쪽 전두엽과 바깥쪽 두정엽이 이에 해당된다. 미국의 한 두뇌 연구가는 실험 참가자가 테스트 문제에 집중하면서 생각에 골몰하면 뇌의 특정 영역이 늘어나는 것이 아니라 줄어든다는 사실을 발견했다. 오히려 이 영역은 우리가 아무 생각도 하지 않을 때 늘어나기까지 했다.

한마디로 우리 뇌의 많은 부분은 정신적으로 아무 것도 하지 않을 때 그 활동을 강화하고 있는 셈이다. 디폴트 네트워크는 하루 일과 중에 긴장을 풀고 몽상을 즐길 때나 잠을 자는 동안 활발한 활동을 한다. 그러므로 정보가 유입되지 않는다 해서 우리 두뇌가 쉬는 것은 아니다.

정말로 '아무 생각 없음'이 반짝이는 아이디어를 만들어주는 것일까? 정답은 '아니다'이다. 아르키메데스도 문제에 골몰하던 중 목욕탕에서 휴식을 취하다가 아이디어가 생각났다. 여기서 중요한 것은 이미 문제에 대한 고민이 있었다는 사실이다. 다시 말해 문제에 대한 배경 지식을 갖고 있었을 뿐만 아니라 해결에 대한 열린 사고를 갖고 있었다는 것을 의미한다. 뜻밖의 발견이나 발명에 대한 대표적인 예가 '포스트잇'이다. 3M에 근무하던 아서 프라이가 악보에서 자꾸 떨어져 내리는 책갈피를 보고, 실험실에서 잠자고 있던 슈퍼 접착제를 쪽지에 발라 '포스트잇'을 탄생시켰다. 대개 이런 발명을 '세렌디피티(serendipity) 원리'라고 부른다.

① 생각에 골몰하면 뇌의 특정 영역이 줄어든다.
② 아무런 생각을 하지 않는다고 해서 뇌가 쉬는 것은 아니다.
③ 디폴트 네트워크는 외부 자극이 없을 때 활발한 활동을 하는 뇌의 영역을 말한다.
④ 디폴트 네트워크와 세렌디피티의 원리는 상반되는 개념이다.
⑤ 세렌디피티의 원리에는 행운뿐만 아니라 노력도 포함되어 있다.

정답 해설 '디폴트 네트워크'는 정신적으로 아무 것도 하지 않을 때 활동을 활발히 하는 뇌의 영역을 말하고, '세렌디피티의 원리'는 해결해야 하는 문제에 대해 열린 사고를 가지고 있어야 좋은 아이디어를 떠올릴 수 있다는 것으로 두 개념이 상반되는 것은 아니다.

②, ③ 뇌가 휴식을 취할 때 오히려 활동을 강화한다는 '디폴트 네트워크'에 따르면, 아무런 생각을 하지 않는다고 해서 뇌가 쉬는 것이 아님을 알 수 있다.

⑤ 해결해야 할 문제에 대한 배경 지식과 함께 열린 사고를 가지고 있어야 반짝이는 아이디어를 얻을 수 있다는 세렌디피티의 원리에 따르면 발명은 행운뿐만 아니라 노력도 함께 필요한 것이다.

06 다음 글의 내용과 일치하지 않는 것은?

애초에 자동차는 이동에 걸리는 시간을 줄여주기 위해 발명되었다. 그러나 자동차가 대중화된 후 자동차 발명의 최초 동기는 충족되지 못하였다. 미국인들은 자동차가 널리 보급됨에 따라 점점 더 직장으로부터 먼 곳에 살기 시작했던 것이다. 40년 전만 해도 사람들은 대부분 걸어서 출근할 수 있는 가까운 거리에 살았지만 오늘날 사람들은 일터에서 30~50킬로미터 떨어진 교외에 흩어져 산다. 더욱이 출퇴근 시 시속 10킬로미터 이하로 거북이 운행을 할 때 자동차는 걷는 것보다 별로 낫지 않다.

자동차 시대가 열리자 고속도로가 등장했고 수천 킬로미터 길이의 아스팔트와 시멘트로 포장되었다. 1909년 디트로이트와 웨인의 박람회장을 잇는 작은 도로 건설을 시발점으로 하여 미국은 사상 유래 없이 값비싼 토목공사에 돌입했다. 1956년부터 1970년 사이만 해도 미국은 1,960억 달러에 달하는 예산을 고속도로 건설에 쏟아 부었다.

자동차 시대의 시작이 대규모 도로 건설을 불러왔을 뿐 아니라, 자동차 자체의 부품의 복잡함으로 인해 자동차산업은 다양한 관련 산업의 발달을 촉발함으로써 미국경제를 이끌어가는 견인차 역할을 하였다. 미국은 세계 최대의 자동차 생산국이자 세계 최대의 자동차 소비 국가가 되었다.

자동차의 폭발적인 증가가 긍정적인 효과만을 낳은 것은 아니다. 교통사고가 빈발하여 이에 따른 인적, 물적 피해가 엄청나게 불어났다. 또한 환경 문제도 심각해졌다. 미국의 1억 5,000만 대의 자동차들은 엄청난 에너지를 소비하며 그 에너지는 대기 중에 분산된다. 오늘날 미국 도시들에서 발생하는 대기오염의 60%는 자동차 배기가스에 의한 것이다. 1971년 대기오염으로 인한 건물 및 재산피해는 1백억 달러로 추산되었다.

자동차가 끼친 가장 심각한 문제는 연료 소비가 대폭 늘어남으로 인해 에너지 고갈 위기가 다가왔다는 것이다. 석유 자원은 수십 년 안에 고갈될 것으로 예견되고 있으며 이동 시간을 단축시키려던 애초의 소박한 자동차 발명동기와는 달리 인류는 자동차 때문에 파멸의 위기에 빠질 수도 있다.

① 자동차 사용을 위한 사회간접비용이 증가되었다.
② 자동차 사용의 증가는 대체에너지 개발을 촉진하였다.
③ 자동차 사용의 증가로 인하여 대기오염이 심각해졌다.
④ 자동차 사용은 때로 불필요한 시간 소비를 낳기도 하였다.
⑤ 자동차 산업은 미국 경제를 이끌어가는 데 중요한 역할을 담당하였다.

정답해설 자동차가 발명되어 연료 소비가 늘어나 에너지 고갈 위기가 다가왔다는 내용은 제시되어 있지만 대체에너지 개발을 촉진하였다는 내용은 없다.

07 다음 글을 통해 추론할 수 없는 것은?

한 마리의 개미가 모래 위를 기어가고 있다. 개미가 기어감에 따라 모래 위에는 하나의 선이 생긴다. 개미가 모래 위에서 방향을 이리저리 틀기도 하고 가로지르기도 하여 형성된 모양이 아주 우연히도 이순신 장군의 모습과 유사한 그림과 같이 되었다고 하자. 이 경우 그 개미가 이순신 장군의 그림을 그렸다고 할 수 있는가?

개미는 단순히 어떤 모양의 자국을 남긴 것이다. 우리가 그 자국을 이순신 장군의 그림으로 보는 것은 우리 스스로가 그렇게 보기 때문이다. 선 그 자체는 어떠한 것도 표상하지 않는다. 이순신 장군의 모습과 단순히 유사하다고 해서 그것이 바로 이순신 장군을 표상하거나 지시한다고 할 수는 없다. 반대로 어떤 것이 이순신 장군을 표상하거나 지시한다고 해서 반드시 이순신 장군의 모습과 유사하다고 할 수도 없다. 이순신 장군의 모습을 본뜨지도 않았으면서 이순신 장군을 가리키는 데에 사용되는 것은 활자화된 '이순신 장군'과 입으로 말해진 '이순신 장군' 등 수없이 많다. 개미가 그린 선이 만약 이순신 장군의 모습이 아니라 '이순신 장군'이란 글자 모양이라고 하자. 분명히 그것은 아주 우연히 그렇게 되었다. 따라서 개미가 우연히 그린 모래 위의 '이순신 장군'은 이순신 장군을 표상한다고 할 수 없다. 활자화된 모양인 '이순신 장군'이 어느 책이나 신문에 나온 것이라면 그것은 이순신 장군을 표상하겠지만 말이다. '이순신'이란 이름을 책에서 본다면 그 이름을 활자화한 사람이 있을 것이고, 그 사람은 이순신 장군의 모습을 생각할 수도 있고 그를 지시하려는 의도를 가졌을 것이기 때문이다.

① 이름이 어떤 것을 표상하기 위한 의도는 필요조건이다.
② 어떤 것을 표상하기 위해 유사성은 충분조건이 아니다.
③ 개미가 남긴 모래 위의 흔적 자체는 어떤 것도 표상하지 않는다.
④ 이순신 장군을 그리고자 그린 그림이라도 이순신 장군과 닮지 않았다면 그를 표상하는 그림이라고 볼 수 없다.
⑤ 이름이 어떤 대상을 표상하기 위해서는 그 이름을 사용한 사람이 그 대상에 대해서 생각할 수 있는 능력이 있어야 한다.

정답해설 이순신 장군의 모습을 본뜨지 않았더라도 이순신 장군을 가리키는 데에 사용될 수 있다는 내용을 통해, 이순신 장군을 그리고자 그린 그림이라도 이순신 장군과 닮지 않았다면 그를 표상하는 그림이라고 볼 수 없다는 내용이 거짓임을 추론할 수 있다.

7. 장문 독해

[01~03] 다음 주어진 글을 읽고 물음에 답하시오.

총 문항 수 : 3문항 | 총 문제풀이 시간 : 3분 | 문항당 문제풀이 시간 : 1분

교육에는 너무나 명백하고 자명한 사실이 있다. 그러나 사람들은, 특히 교육 정책가들은 교육의 계획과 운영에서 이 명백한 사실을 너무나도 자주 망각한다. 그것은 교육에는 시차성(時差性)이 있다는 사실이다. 그 시차성은 두 가지로 작용한다. 즉, 하나는 교육하는 것 자체가 '긴 세월이 걸린다.'는 것이고 또 하나는 이렇게 교육된 효과는 '긴 세월을 간다.'는 것이다.

그래서 교육에는 장기 투자가 필요하다. 교육하는 것 자체가 긴 시간이 걸리고 따라서 교육의 효과가 사회적으로 나타나기엔 15, 20년이 걸린다는 시차성은 너무나 자명하다. 지금의 초등학교에 들어오는 학생은 적어도 20년을 때로는 30년을 보호하고 가르치고 해야 ㉮ '사람'이 된다. 서두를 수가 없다.

가르치고 배우는 일은 시간이 걸린다. 물건 자본은 잘하면 하루아침에 긁어모아 형성할 수 있으나 인간 자본의 형성은 속상하리만큼 긴 시간이 걸린다. 따라서 지금 어떤 인간 자원이 필요하다면 그것은 20년 전부터 투자해서 길러왔어야 하며, 20년 후에 어떤 인간 자원이 필요할 것이라면 지금 투자해서 기르기 시작해야 한다. 따라서 교육은 근본적으로 장기 투자 사업이다. 이 너무나도 명백한 이치를 정책가들은 너무나도 자주 잊어버린다.

또 하나의 시차성은 긴 세월 동안 교육하고 나면 그 효과는 그 후 10, 20, 30년 더 긴 세월을 두고 나타난다는 사실이다. 교육의 효과는 사람의 생애를 간다. 한 번 형성된 인간 자본은 기계 시설과 같은 물건 자본과는 달리 닳아서 못 쓰게 되는 감소 현상 없이 도리어 시간이 갈수록, 쓰면 쓸수록 증대되는 성질도 가지고 있다. 그래서 시설 자본보다 인간 자본의 수익률이 유리할 수도 있다.

교육의 효과가 몇 십 년을 간다는 말은, 동시에 교육 안한 효과와 잘못 교육한 효과도 몇 십 년을 간다는 말도 된다. 지금 태반의 아이들이 초등학교를 못 다니고 있는 나라는 어느 정책가들이 아무리 발버둥 쳐도 20, 30년 내로 경제적 비약의 가망은 없다. 혹독한 입시 지옥 때문에 또 매년 몇 만의 재수생이 겪는 시련 때문에 어떤 성격상의 이지러짐이 생긴다면, 이 사회는 긴 세월 그 이지러진 성격들의 피해를 보아야 한다. 지금의 주입식 교육은 남보다 더 뒤쳐질 기술 수준의 내일을 예고한다. 교육 투자는 앞을 보고 해야 한다. 따라서 교육은 역사적 가치와 미래 가치를 갖는다.

01 다음 보기는 본론의 내용을 요약한 것이다. ⓒ에 알맞은 것은?

본론 : ㉠ 교육 투자의 시차성

ⓒ ＿＿＿＿＿＿＿＿

ⓒ 부정적 교육 효과의 시차성

① 교육의 본질   ② 교육의 사회적 가치
③ 교육 효과의 시차성   ④ 교육 투자의 부정적 사례
⑤ 교육 투자의 상대성

정답해설 본문의 4문단 '또 하나의 시차성은~ 성질도 가지고 있다.'의 내용은 교육 효과의 시차성에 대한 내용을 담고 있다.

02 다음 중 ㉮와 같은 의미로 사용된 것은?

① 사람의 마음은 하루에도 열두 번 바뀐다.
② 사람 위에 사람 없고, 사람 밑에 사람 없다.
③ 사람은 낳아서 서울로 보내고 말은 낳아서 시골로 보내라.
④ 민지는 윗사람에 대한 예절이 바르다.
⑤ 사람답게 산다는 것이 그리 쉬운 것만은 아니다.

정답해설 ㉮는 '참된 인간', '제대로 된 인간'의 의미를 내포한다. 이와 유사한 의미를 지닌 것은 ⑤이다. '사람답다'는 '됨됨이나 하는 짓이 사람다운 맛이 있다.'라는 뜻을 지닌다.

03 윗글에 대한 비판으로 적절한 것은?

① 교육의 장기적 투자에 대한 구체적인 방법이 제시되어 있지 않다.
② 교육이 이 사회의 모든 병폐를 고칠 수 있다고 보고 있다.
③ 교육이 담당해야 할 사회적 역할에 대해 부정적이다.
④ 현 교육 정책가들에 대해 우호적인 태도를 보이고 있다.
⑤ 교육의 효과에 대해서 성급한 태도를 보이고 있다.

> **정답해설** 윗글은 교육의 시차성을 고려하지 않는 현 교육 정책에 대해 비판적인 글이다. 교육은 장기적인 투자 사업이라고 주장하고 있으면서도 그에 대한 구체적인 방법이 뚜렷하게 제시되어 있지 않다.

1DAY 2DAY 3DAY

[04~05] 다음 주어진 글을 읽고 물음에 답하시오.

총 문항 수 : 2문항 | 총 문제풀이 시간 : 2분 30초 | 문항당 문제풀이 시간 : 1분 15초

브라질은 교역품에서 나라 이름을 따온 유일한 나라다. 염색에 사용되었던 브라질우드라는 나무가 이 공활한 땅에 이름을 붙여 주었다. 그러나 브라질우드가 상품으로서의 명성을 날리는 기간은 아주 짧았고, 벌목 또한 어려웠다. 문제는 찌는 듯한 열대의 밀림 속에서 연료를 얻기 위해 거대한 나무들을 베어내야 하고, 이것을 다시 해안까지 수송해야 한다는 것이었다. 이를 위해 상당한 노동력이 필요했지만, 이 일을 하려고 열대지방까지 오는 유럽인은 없었다. 그리고 현지 주민들에게 일을 시키는 것 역시 쉽지 않았다.

포르투갈인들이 브라질에서 만난 원주민 투피족은 반유목민으로 주로 사냥과 낚시, 채집 등을 하며 살아가고 있었다. 투피족 여자들은 아주 원시적인 방법으로 농사를 짓고 있었다. 노동은 거의 분화되지 않았고, 자본 축적 또한 없었다. 무계급 사회를 이루고 있던 투피족은 좀처럼 교역을 하지 않았고, 스스로를 위해 만드는 것이라고는 간단한 공예품 정도였다. 사유재산이나 상품과 같은 개념도 없었다. 대부분의 투피족은 포르투갈인들과 얼마간의 물건을 흔쾌히 거래하긴 했지만, 그들에게는 많은 물건이 필요 없었다.

투피족은 브라질우드가 나무로서 그대로 서 있는 편이 훨씬 낫다고 믿었다. 이런 투피족 사람들을 통나무의 운반에 이용하기 위해, 포르투갈인들과 프랑스인들은 원주민의 전

통을 교묘하게 이용하는 한편 적극적으로 수요를 창출해내는 방법을 동원했다. 우선 유럽인들의 일부가 원주민화되었다. 포르투갈인들과 프랑스인들은 원주민 복장을 하고 원주민의 말을 배웠으며, 원주민 여인과 결혼해 원주민 사회 속으로 파고들었다. 이후 그들은 브라질우드를 유럽으로 실어보내기 위해 원주민들의 품앗이 노동을 활용했다.

한편 유럽의 상인들은 호전적인 투피족 사람들이 육박전을 벌일 때 유용하게 사용할 만한 강철 칼과 도끼 따위를 선물로 주었다. 포르투갈인들은 몇몇 마을을 골라 동맹을 맺고 무기를 제공함으로써 원주민들이 무기를 필요로 하도록 만들고자 하였다. 그러자 프랑스인들은 포르투갈 무기로 무장한 마을의 위협을 내세워 상대편 마을과 동맹을 맺는 것으로 이에 대응했다. 유럽과는 멀리 떨어진 남반구의 열대 밀림에서 벌어진, 염료의 재료를 둘러싼 다툼을 통해 유럽의 전쟁이 그대로 재현된 것이다. 그러나 유럽인들은 브라질 원주민들의 머릿속에 축적과 부라는 '미덕'을 심어놓지는 못했다. 기록에 따르면 당시 한 예수회 사제는 다음과 같이 불평했다. "투피족의 집에는 금속 연장이 가득하다. … 주변의 들판을 개간할 도끼가 없어서 항상 굶어 죽어가던 원주민들이 원하는 만큼 연장과 농지를 갖게 되었고, 게다가 쉬지 않고 먹고 마실 수도 있게 되었다. 이 사람들은 마을에서 항상 술을 마시고 있으며, 툭하면 전쟁을 하고 엄청난 말썽을 일으키곤 한다." 강철 도끼를 갖게 된 원주민들은 마치 유럽의 귀족처럼 살 수 있게 되었다. 하지만 투피족의 기본적인 욕구가 충족되자, 포르투갈인들은 그들을 쉽게 착취할 수 없게 되었다. 이제 포르투갈인들이 건강한 생계유지 이상의 것, 즉 증식하는 자본을 원한다면 다른 형태의 노동에 의존해야만 한다는 점이 분명해졌다.

투피족 노동시장의 법칙은 원주민들에게 지나치게 유리하게 정해져 있었다. 그러나 얼마 되지도 않을 포르투갈인 가운데 대서양을 건너 열대지방까지 가서 농사를 짓고 싶어하는 사람은 얼마 없었다. 결국 포르투갈인들은 원주민을 노예로 만드는 수밖에 없었다. 그러나 이 방법에도 문제점은 있었다. 대부분의 투피족 남자들은 여자의 일인 농사를 경멸했다. 그들은 땅을 파느니 도망치거나 죽는 쪽을 택했다. 결국 포르투갈 상인들은 열대의 기후에도 잘 적응할 수 있고 농사에 대해서도 잘 알고 있는 사람들인 아프리카 노예들을 원하게 되었다. 그러나 노예를 구입하려면 브라질우드를 팔아서 버는 것보다 훨씬 더 많은 돈이 필요했다. 그 결과 포르투갈인들은 설탕 플랜테이션으로 눈을 돌렸다. 브라질우드의 시대가 끝나면서 브라질의 '황금시대'가 시작된 것이다.

04　위 글의 중심 내용으로 가장 적절한 것은?

① 투피족의 노동 형태가 바뀐 이유
② 브라질 원주민들이 유럽인의 노예로 전락하게 된 경위
③ 브라질우드가 브라질의 주요 교역품 지위에서 물러난 내막
④ 브라질 원주민들이 유럽인의 생활 습관을 따라가게 된 계기
⑤ 브라질우드의 유래와 이동 수단

정답해설　지문은 브라질우드의 무역에 따른 어려움, 그에 따라 투피족을 회유하기 위해 유럽인들이 동원한 방법, 그리고 그 방법으로 인한 결과로 브라질의 주요 교역품이었던 브라질우드의 무역을 포기하게 되었다는 내용을 서술하고 있다.

05　유럽인들이 투피족의 노동력을 얻기 위해 시도했던 방법을 보기에서 모두 고른 것은?

ㄱ. 투피족의 유럽 이주　　　　　ㄴ. 일부 유럽인들의 원주민화
ㄷ. 투피족 내부의 갈등 조작　　　ㄹ. 원주민 마을 간의 군사 동맹 유도
ㅁ. 투피족의 노예화

① ㄱ, ㄷ, ㄹ　　　　　　　　② ㄱ, ㄷ, ㅁ
③ ㄴ, ㄷ, ㄹ　　　　　　　　④ ㄴ, ㄷ, ㅁ
⑤ ㄴ, ㄹ, ㅁ

정답해설
ㄴ. 유럽인들은 투피족의 노동력을 얻기 위해 그들 중 일부가 원주민화되어 원주민 사회에 끼어들었다.
ㄷ. 포르투갈인들은 몇몇 마을을 골라 동맹을 맺고 무기를 제공하였고 프랑스인들은 이러한 무력적 위협에 대응하여 상대편 마을과 동맹을 맺었다. 무기를 제공한 점과 그에 대한 위험성을 이유로 동맹을 맺도록 설득하는 과정에서 투피족 간 갈등을 조장했을 것임을 충분히 짐작할 수 있다.
ㅁ. 투피족의 기본적인 욕구가 충족되어 그들을 착취하는 것이 어려워지자 유럽인들은 원주민을 노예로 만들었다.

[06~08] 다음 지문을 읽고 물음에 답하시오.

총 문항 수 : 3문항 | 총 문제풀이 시간 : 3분 | 문항당 문제풀이 시간 : 1분

가. 사람은 타고난 용모를 바꾸어 추한 것을 곱게 바꿀 수도 없고 또 타고난 힘이 약한 것을 변해서 강하게도 할 수 없으며, 키가 작은 것을 변해서 크게 할 수도 없다. 이것은 왜 그런 것일까? 그것은 사람은 저마다 모두 이미 정해진 분수가 있어서 그것을 고치지 못하기 때문인 것이다.

나. 그런데 어째서 나 혼자 괴롭게 저 어질고 지혜 있는 삶이 되지 못하고 하늘에서 타고난 ⊙ 본성을 깎아낸단 말인가? 사람마다 이런 뜻을 마음속에 두고 이것을 견고하게 가져서 조금도 물러서지 않는다면 누구나 거의 올바른 사람의 지경에 들어갈 수가 있다. 그러나 사람들이 자기 혼자서는 자칭 내가 뜻을 세웠노라 하면서도, 이것을 가지고 애써 앞으로 나가려 하지 않고, 그대로 우두커니 서서 무슨 효력이 나타나기를 그대로 기다리고만 있다. 이것은 ⓒ 명목만은 뜻을 세웠노라 하지만, 그 실상은 공부를 하려는 정성이 없는 때문이다. 그렇지 않고 만일 내 뜻의 정성이 정말로 학문에 있다고 하면 어진 사람이 될 것은 정한 이치이고, 또 내가 하고자 하는 올바른 일을 행하고 보면 그 효력이 나타날 것인데 왜 이것을 남에게서 구하고 뒤에 하자고 기다린단 말인가?

다. 그렇기 때문에 뜻을 세우는 것이 가장 귀하다고 말하는 것은, 즉 이 뜻을 가지고 부지런히 공부하면서도 오히려 내가 따라가지 못할까 두려워하여 조금도 뒤로 물러서지 말라는 것이다. 만일 그렇지 않고 혹시라도 뜻이 정성스럽고 착실하지 못한 채 그대로 우물쭈물 세월만 보내고 있으면 자기 몸이 죽을 때까지, 또는 이 세상이 다할 때까지 무슨 ⓒ 성취하는 일이 있을까 보냐?

라. 그러나 오직 한 가지 변할 수 있는 것이 있으니, 그것은 마음과 뜻이다. 이 마음과 뜻은 어리석은 것을 변해서 ⓔ 지혜롭게도 할 수가 있고, 못생긴 것을 변해서 어진 사람으로 만들 수도 있다. 그것은 무슨 까닭일까? 그것은 사람의 마음이란 그 비어 있고 차 있고 한 것이 본래 타고난 것에 ⓜ 구애되지 않기 때문이다. 그렇다. 사람이란 지혜로운 것보다 더 아름다운 것이 없다. 어진 것보다 더 귀한 것은 없다.

06 다음 주어진 지문을 순서대로 배열한 것은?

① 가 – 나 – 라 – 다
② 가 – 라 – 나 – 다
③ 가 – 라 – 다 – 나
④ 라 – 가 – 다 – 나
⑤ 라 – 다 – 나 – 가

정답해설 주어진 글은 이이가 배움에 있는 학도들을 위해 집필한 『격몽요결(擊蒙要訣)』이라는 책의 머리말에 해당하는 부분으로 〈가〉는 오직 마음만이 변할 수 있음을 주장하는 내용인 〈라〉를 강조하기 위해 여러 가지 다른 사례를 제시하는 전제에 해당한다. 이어 〈나〉단락을 통해 스스로 뜻을 세우고 물러가려는 이를 비판하려는 〈다〉에서 뜻을 세우고 노력할 것을 다시 강조하고 있다.

🔊 이문제중요★

07 다음 글의 주제로 알맞은 것은?

① 이치를 연구하기 위해 독서를 해야 한다.
② 배우는 이는 뜻을 세우고 실천해야 한다.
③ 타고난 용모를 받아들이도록 마음을 바꿔야 한다.
④ 자연의 순리대로 살아가야 한다.
⑤ 마음과 뜻이 변하지 않도록 노력해야 한다.

정답해설 지문에서 사람이 바꿀 수 있는 것은 마음과 뜻인데 사람들이 뜻을 세울 뿐 그것을 애써 행하지 않고 결과만 나타나길 기다리는 것을 비판하고 있다. 따라서 배우는 이는 뜻을 세우고 실천해야 한다는 것이 주제로 가장 적절하다.

3일 벼락치기 삼성 GSAT(통합형)

08 다음 ㉠~㉤의 밑줄 친 부분의 한자어 표기가 잘못된 것은?

① ㉠ 본성(本性) ② ㉡ 명목(名目)

③ ㉢ 성취(成娶) ④ ㉣ 지혜(知慧)

⑤ ㉤ 구애(拘礙)

정답해설

㉢ 성취(成娶) → 성취(成就) : 목적한 바를 이룸

㉠ 본성(本性) : 사람이 본디부터 가진 성질

㉡ 명목(名目) : 구실이나 이유

㉣ 지혜(知慧) : 사물의 도리나 이치를 잘 분별하는 정신적 능력

㉤ 구애(拘礙) : 거리끼거나 얽매임

소요시간		채점결과	
목표시간	15분 30초	총 문항수	15문항
실제 소요시간	( )분 ( )초	맞은 문항 수	( )문항
초과시간	( )분 ( )초	틀린 문항 수	( )문항

70

정답 08 ③

2DAY

수리논리

수리논리

1. 응용계산(1)

기출유형분석

▶ 유속이 시속 3km인 강에서 배가 상류로 12km, 하류로 18km의 거리를 이동하는 데 총 3시간 30분이 걸렸다. 배의 속력은 얼마인가? (단, 배의 속력은 일정하다.)

① 6km/h
② 9km/h
③ 12km/h
④ 15km/h
⑤ 18km/h

정답해설

배의 속력이 x일 때, 배가 상류로 갈 때 속력은 (배의 속력 $-$ 강물의 속력).

배가 하류로 갈 때 속력은 (배의 속력 $+$ 강물의 속력)이고, 시간 $= \dfrac{거리}{속력}$ 이므로

상류로 갈 때 걸린 시간 $= \dfrac{12}{x-3}$, 하류로 갈 때 걸린 시간 $= \dfrac{18}{x+3}$

총 이동 시간 $= \dfrac{12}{x-3} + \dfrac{18}{x+3} = 3.5$

$\dfrac{7}{2}(x-3)(x+3) = 12(x+3) + 18(x-3)$

$x = 9$

정답 ②

[01~27] 다음 물음에 알맞은 답을 고르시오.

총 문항 수 : 27문항 | 총 문제풀이 시간 : 30분 | 문항당 문제풀이 시간 : 20초~1분 30초

01 어떤 일을 하는 데 A는 60시간, B는 90시간이 걸린다고 한다. A와 B가 함께 일을 하면 각자 능력의 20%를 분업 효과로 얻을 수 있다고 한다. A와 B가 함께 일을 한다면 몇 시간이 걸리겠는가?

① 25시간
② 30시간
③ 35시간
④ 36시간
⑤ 40시간

정답해설 전체 작업량을 1이라 하면,

A의 1시간 작업량 : $\frac{1}{60}$, B의 1시간 작업량 : $\frac{1}{90}$

A와 B가 함께한 1시간 작업량 : $\left(\frac{1}{60}+\frac{1}{90}\right)\times 1.2=\frac{1}{30}$

∴ 전체 일을 하는 데 걸리는 시간 : $1\div\frac{1}{30}=30$(시간)

02 수아와 경희는 원형으로 된 600m 운동장에서 달리기를 하려고 한다. 출발선에서 서로 반대방향으로 출발하여 30초가 지났을 때 수아와 경희는 만났다. 수아가 8m/s의 속력으로 달렸다면 경희의 속력은 얼마인가?

① 8m/s
② 10m/s
③ 12m/s
④ 14m/s
⑤ 16m/s

정답 해설 거리＝속력×시간

경희의 속력을 x라고 하면

$600 = (8 \times 30) + (x \times 30)$ ∴ $x = 12(\text{m/s})$

 이문제중요!☆

03 12%의 소금물 200g에서 몇 g의 물을 증발시켰더니 15%의 소금물이 되었다. 증발시킨 물의 양을 구하면?

① 32g   ② 34g

③ 36g   ④ 38g

⑤ 40g

정답 해설 소금물의 농도($\%$)＝$\dfrac{\text{소금의 양}}{\text{소금물의 양}} \times 100$

증발시킨 물의 양을 x라 두면

12%의 소금물의 소금의 양 : $\dfrac{12}{100} \times 200 = 24(\text{g})$

15%의 소금물의 소금의 양 : $\dfrac{15}{100} \times (200-x)(\text{g})$

증발 후에도 소금의 양은 일정하므로

$24 = \dfrac{15}{100} \times (200-x)$ ∴ $x = 40(\text{g})$

04 현재 어머니는 64세이고 아들은 16세이다. 어머니의 나이가 아들 나이의 5배였던 것은 몇 년 전인가?

① 3년 전   ② 4년 전

③ 7년 전   ④ 9년 전

⑤ 10년 전

> **정답해설** x년 전에 어머니의 나이가 아들 나이의 5배이므로,
> $64-x=5(16-x)$, $64-x=80-5x$
> $\therefore x=4$(년)

05 두 지점 A, B를 자동차로 왕복하는데 갈 때는 시속 45km, 돌아올 때는 시속 30km로 달렸더니, 돌아올 때는 갈 때보다 30분이 더 걸렸다고 한다. 두 지점 A, B 사이의 거리를 구하면?

① 35km   ② 45km

③ 55km   ④ 65km

⑤ 75km

> **정답해설** A, B 사이의 거리를 x라 두면, 갈 때 걸린 시간은 $\frac{x}{45}$시간이고, 올 때 걸린 시간은 $\frac{x}{30}$시간이다.
> $\frac{x}{30}-\frac{x}{45}=\frac{30}{60}$ $\therefore x=45$(km)

06 5%의 식염수와 10%의 식염수를 섞어서 8%의 식염수 500g을 만들려고 한다. 이때 필요한 5%의 식염수의 양은?

① 200g

② 300g

③ 400g

④ 450g

⑤ 500g

 5%의 식염수 : x, 10%의 식염수 : y

$$\begin{cases} x+y=500 \\ \dfrac{5}{100}x+\dfrac{10}{100}y=\dfrac{8}{100}\times500 \end{cases}$$

$\therefore x=200(\text{g}),\ y=300(\text{g})$

07 15% 농도의 식염수 200g에 물을 넣어 5%의 식염수를 만든다. 이때 필요한 물의 양은?

① 100g

② 200g

③ 300g

④ 400g

⑤ 500g

 15% 농도의 식염수 200g에서 식염의 양 : $\dfrac{15}{100}\times200=30(\text{g})$

필요한 물의 양을 x라 하면, $\dfrac{30}{200+x}\times100=5(\%)$ $\therefore x=400(\text{g})$

08 둘레의 길이가 **54m**이고, 가로의 길이가 세로의 길이의 2배보다 **6m** 더 긴 직사각형 모양의 수영장이 있다. 이 수영장의 넓이를 구하면?

① 110m^2 ② 140m^2

③ 160m^2 ④ 210m^2

⑤ 230m^2

 세로의 길이 : x, 가로의 길이 : $2x+6$
둘레의 길이 : $(2x+6+x) \times 2 = 54$
∴ 세로의 길이 $= 7\text{m}$, 가로의 길이 $= 20\text{m}$
∴ (수영장의 넓이) $= 20 \times 7 = 140(\text{m}^2)$

1DAY

2DAY

3DAY

09 어느 공원의 입장료가 어른은 **2,500원**, 어린이는 **1,000원**이다. 어른과 어린이를 합쳐서 **20명**이 입장하고 **41,000원**을 냈다면 입장한 어린이는 몇 명인가?

① 3명   ② 4명

③ 5명   ④ 6명

⑤ 7명

 입장한 어린이를 x명이라 두면
$2,500(20-x) + 1,000x = 41,000$
∴ $x = 6$

10 수영이는 문구점에서 공책과 연필을 사서 **10,000원**을 냈더니 **1,900원**을 거슬러 받았다. 공책의 가격은 **1,200원**, 연필의 가격은 **300원**이고 구입한 공책과 연필의 개수가 **12개**였다면, 공책을 몇 권 샀는가?

① 5권   ② 6권

③ 7권   ④ 8권

⑤ 9권

정답해설 공책의 개수 : x, 연필의 개수 : y

$$\begin{cases} x+y=12 \\ 1,200x+300y=8,100 \end{cases}$$

∴ $x=5$(권), $y=7$(개)

11 A, B 두 회사의 작년 자동차 판매량의 합은 **300대**이다. 금년에는 작년보다 A회사는 판매량이 **20%** 증가했고, B회사는 **10%** 감소하여 두 회사의 자동차 판매량의 합은 작년보다 **10%** 증가하였다. 금년 A회사의 자동차 판매량을 구하면?

① 90대   ② 100대

③ 150대   ④ 200대

⑤ 240대

정답해설 A회사에서 작년에 판매한 자동차 대수 : x대

B회사에서 작년에 판매한 자동차 대수 : y대

$$\begin{cases} x+y=300 \\ 1.2x+0.9y=300 \times 1.1 \end{cases}$$

∴ $x=200$, $y=100$

따라서 금년 A회사의 자동차 판매량은 20% 증가했으므로 $200 \times 1.2 = 240$(대)

12 어떤 물건의 원가에 40%의 이윤을 붙여 정가를 정하였다. 이것을 300원 할인하여 팔면 물건 한 개당 원가의 25%의 이익금이 남는다고 한다. 이때 이 물건의 원가는?

① 1,500원   ② 1,700원
③ 2,000원   ④ 2,200원
⑤ 2,500원

정답해설 물건의 원가를 x라 할 때,
(정가)$=x+0.4x=1.4x$
$1.4x-300-x=0.25x$ $\therefore x=2,000$(원)

13 서영이가 가지고 있는 돈으로 가격이 같은 빵을 8개 사면 600원이 남고, 10개 사면 1,000원이 모자란다. 빵을 9개 사면 어떻게 되겠는가?

① 200원 모자란다.   ② 200원 남는다.
③ 600원 모자란다.   ④ 800원 남는다.
⑤ 1000원 모자란다.

정답해설 빵 1개의 가격을 x원이라 하면
$8x+600=10x-1,000$ $\therefore x=800$(원)
따라서 서영이가 가지고 있는 돈은 7,000원이고 빵을 9개 사려면 7,200원이 필요하므로 200원이 모자란다.

14 미정이는 자전거를 타고 집에서 16km 거리에 있는 도서관까지 8km/h의 속력으로 갔다가 도서관에서 3시간 공부를 한 후 집으로 다시 돌아왔다. 미정이가 집에서 오전 9시에 출발하였다면, 집으로 돌아왔을 때 시간을 구하면? (단, 다른 변수들은 무시한다.)

① 오후 2시 ② 오후 4시
③ 오후 5시 ④ 오후 9시
⑤ 오후 10시

정답해설 시간 $=\dfrac{거리}{속력}$ 이므로,

갈 때의 시간 : $\dfrac{16}{8}=2$시간, 올 때의 시간 : $\dfrac{16}{8}=2$시간

도서관에서 공부한 시간 $=3$시간
∴ 집으로 돌아온 시간은 오전 9시에서 7시간 후인 오후 4시이다.

15 엘리베이터로 1층에서 5층까지 가는 데 걸리는 시간이 12초이다. 1층에서 어느 층까지 엘리베이터로 가는 데 걸리는 시간이 36초라면, 몇 층까지 엘리베이터로 타고 갔는가?

① 8층 ② 10층
③ 12층 ④ 13층
⑤ 14층

정답해설 1층에서 5층까지 4개 층을 오르는 데 걸리는 시간이 12초이므로 1개 층을 오르는 데 걸리는 시간은 3초이다.
$3\times(x-1)=36$ ∴ $x=13$(층)

16
연못 주위에 나무를 심으려고 하는데, 나무의 간격을 **10m**에서 **5m**로 바꾸면 필요한 나무는 **11그루**가 늘어난다. 연못의 둘레는?

① 100m ② 110m
③ 120m ④ 130m
⑤ 140m

정답해설 나무의 간격이 10m일 때 필요한 나무의 그루 수를 x라 하면
$10x=5(x+11)$
∴ $x=11$(그루)
∴ 연못의 둘레$=10\times11=110$(m)

🔊 이문제중요!

17
철수와 영희가 함께 일을 하면 8일 걸리는 일을 영희가 4일 동안 일한 후, 그 나머지는 철수가 10일 걸려서 완성하였다. 이 일을 철수 혼자서 하려면 며칠이나 걸리겠는가?

① 8일 ② 9일
③ 10일 ④ 11일
⑤ 12일

정답해설 전체 일의 양이 1일 때
철수가 하루에 일하는 양을 x, 영희가 하루에 일하는 양을 y라 하면
$\begin{cases}8(x+y)=1\\10x+4y=1\end{cases}$
∴ $x=\dfrac{1}{12}, y=\dfrac{1}{24}$
철수는 하루에 $\dfrac{1}{12}$씩 일을 하므로 일을 완성하려면 12일이 걸린다.

18

A는 10일, B는 20일 걸리는 일이 있다. 둘은 공동작업으로 일을 시작했으나, 도중에 A가 쉬었기 때문에 끝마치는 데 16일 걸렸다. A가 쉰 기간은 며칠인가?

① 10일
② 12일
③ 14일
④ 15일
⑤ 16일

정답해설 전체 일의 양이 1일 때, A의 1일 일량 : $\frac{1}{10}$, B의 1일 일량 : $\frac{1}{20}$

B가 일한 날 수 : 16일, B의 총 일량 : $\frac{1}{20} \times 16 = \frac{4}{5}$

A의 총 일량 : $1 - \frac{4}{5} = \frac{1}{5}$

A의 일한 날 수 : $\frac{1}{5} \div \frac{1}{10} = 2$(일)

∴ A가 쉰 날 수 : $16 - 2 = 14$(일)

19

사진관에서 5명의 가족이 단체사진을 찍을 때 앞줄에 2명, 뒷줄에 3명이 서는 방법의 수는?

① 100가지
② 110가지
③ 120가지
④ 130가지
⑤ 140가지

정답해설 5명 중에 앞줄에 2명을 뽑아 세우는 방법은,

$${}_5P_2 \times {}_3P_3 = \frac{5!}{(5-2)!} \times \frac{3!}{(3-3)!} = \frac{5!}{3!} \times \frac{3!}{1} = 5! = 120$$(가지)

20

A라는 직장인은 매일 출근 1시간 15분 전에 일어나 10분간 신문을 보고, 15분간 세수를 하며, 20분간 식사를 한 후 출근을 위해 집에서 나선다. 회사의 출근 시간이 오전 10시라면 집에서 출발한 시간의 시침과 분침의 각도는 얼마인가?

① 105°   ② 115°

③ 125°   ④ 135°

⑤ 140°

집에서 출발한 시간 : 10시−1시간 15분＋10분＋15분＋20분＝9시 30분

각 시간의 각도 : 360÷2＝30(°)

시침은 9시와 10시의 중간에 있고 분침은 30분, 즉 6시에 있으므로 시침과 분침의 간격은 3시간 30분

∴ 시침과 분침의 각도 : $3 \times 30 + \frac{1}{2} \times 30 = 90 + 15 = 105(°)$

21

남자 7명과 여자 5명 중 3명을 고른다. 3명 모두 남자인 경우는 몇 가지인가?

① 35가지   ② 40가지

③ 45가지   ④ 50가지

⑤ 55가지

남자 7명 중 3명을 고르는 것이므로, $_7C_3 = \frac{7 \times 6 \times 5}{3 \times 2 \times 1} = 35(가지)$

22 어떤 옷가게에서 원가 20만 원짜리 정장에 이윤을 30% 추가하여 정가로 하였다가 오랫동안 팔리지 않아 정가의 20%를 깎아 팔았다. 이 옷의 가격은 얼마인가?

① 180,000원
② 198,000원
③ 208,000원
④ 220,000원
⑤ 225,000원

정답해설 $200,000 \times 1.3 = 260,000$(원)
$260,000 \times 0.8 = 208,000$(원)

23 꽃장사를 하는 형우는 정가에서 10% 할인하여 팔아도 원가에 대해서는 8%의 이익을 남기고 싶어한다. 형우는 처음 원가에 몇 %의 이익을 붙여서 정가를 매겨야 하는가?

① 10%
② 20%
③ 30%
④ 40%
⑤ 50%

정답해설 원가 x원에 $y\%$의 이익을 붙여서 정가를 정한다고 하면, 정가는 $x(1+0.01y)$이다.
할인가격$=x(1+0.01y)(1-0.1)$
할인가격$-$원가$=$원가의 8%이므로,
$x(1+0.01y)(1-0.1)-x=0.08x$
$0.9x(1+0.01y)=1.08x$
$\therefore y=20(\%)$

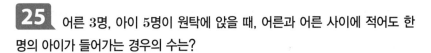

24 청기 3개, 백기 2개, 적기 1개를 모두 한 줄로 배열하여 신호를 만들려고 한다. 만들 수 있는 신호의 개수는?

① 60개   ② 70개

③ 80개   ④ 90개

⑤ 100개

> **정답해설** a, a, a, b, b, c의 순열의 수와 같다.
>
> $$\therefore \ \frac{6!}{3! \times 2!} = \frac{6 \cdot 5 \cdot 4 \cdot 3 \cdot 2 \cdot 1}{3 \cdot 2 \cdot 1 \times 2 \cdot 1} = 60(개)$$

1DAY

2DAY

3DAY

25 어른 3명, 아이 5명이 원탁에 앉을 때, 어른과 어른 사이에 적어도 한 명의 아이가 들어가는 경우의 수는?

① 1,210가지   ② 1,320가지

③ 1,440가지   ④ 1,510가지

⑤ 1,620가지

> **정답해설** 아이 5명이 원탁에 앉는 방법은 $(5-1)! = 4!$(가지)이고, 이 각각에 대하여 아이와 아이 사이의 5곳 중 세 곳에 어른이 앉는 방법의 수는 $_5P_3$가지이다.
>
> $$\therefore \ 4! \times {}_5P_3 = 4 \cdot 3 \cdot 2 \times 5 \cdot 4 \cdot 3 = 1,440(가지)$$

26
1에서 20까지의 자연수 중 임의로 하나의 수를 선택할 때, 2 또는 5의 배수일 확률은?

① 0.5   ② 0.6

③ 0.7   ④ 0.8

⑤ 0.9

 2의 배수 : 10(개), 5의 배수 : 4(개), 10의 배수 : 2(개)

$10 + 4 - 2 = 12$(개)

$\therefore \dfrac{12}{20} = \dfrac{3}{5} = 0.6$

🔊이문제중요☆*
27
어느 공장에서 생산하는 제품 10개 중에는 3개의 불량품이 들어 있다. 제품을 1개씩 검사할 때 5개를 검사할 때까지 불량품 2개를 발견할 확률은?

① $\dfrac{1}{2}$ ② $\dfrac{2}{5}$

③ $\dfrac{3}{10}$ ④ $\dfrac{5}{12}$

⑤ $\dfrac{7}{24}$

 10개의 제품 중 5개의 제품을 선택할 때, 불량품이 2개일 확률을 구하는 것과 같다.

$\therefore \dfrac{{}_3C_2 \times {}_7C_3}{{}_{10}C_5} = \dfrac{105}{252} = \dfrac{5}{12}$

소요시간		채점결과	
목표시간	30분	총 문항수	27문항
실제 소요시간	( )분 ( )초	맞은 문항 수	( )문항
초과시간	( )분 ( )초	틀린 문항 수	( )문항

2. 응용계산(2)

⏱ 문제풀이 시간 : 30초

▶ 주사위를 던져서 홀수의 눈이 나오면 1점, 짝수의 눈이 나오면 2점을 얻는다고 한다. 주사위를 세 번 던져 5점을 얻을 확률은?

① $\dfrac{1}{8}$

② $\dfrac{1}{4}$

③ $\dfrac{3}{8}$

④ $\dfrac{5}{8}$

⑤ $\dfrac{7}{8}$

정답해설 주사위를 세 번 던져 5점을 얻는 경우의 수는 짝수의 눈이 두 번, 홀수의 눈이 한 번 나오는 경우의 수와 같으므로

$$_3C_2\left(\frac{1}{2}\right)^2\left(\frac{1}{2}\right)^1=\frac{3}{8}$$

정답 ③

01 흰 공과 검은 공을 합하여 6개의 공이 들어 있는 주머니에서 공 2개를 꺼낼 때 2개 모두 흰 공이 나올 확률이 $\dfrac{2}{5}$이다. 흰 공의 개수를 구하면?

① 4

② 5

③ 6

④ 7

⑤ 8

정답해설 흰 공의 개수를 x라 하면

$$\frac{_xC_2}{_6C_2}=\frac{2}{5}, \ \frac{x(x-1)}{2}=\frac{2}{5}\times15$$

$$x^2-x-12=0, \ (x-4)(x+3)=0$$

$$\therefore x=4$$

02 1, 2, 3, 4, 5의 다섯 개의 숫자 중에서 서로 다른 네 숫자를 이용하여 만들 수 있는 네 자리의 자연수는 모두 몇 개인가?

① 100　　　　　　　② 120

③ 180　　　　　　　④ 240

⑤ 280

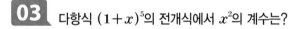 다섯 개 중 네 개를 뽑아 일렬로 배열하는 경우의 수와 같으므로
$$_5P_4 = 5 \times 4 \times 3 \times 2 = 120$$

03 다항식 $(1+x)^5$의 전개식에서 x^2의 계수는?

① 6　　　　　　　　② 8

③ 10　　　　　　　④ 12

⑤ 14

다항식 $(1+x)^5$의 전개식의 일반항은
$$_5C_r 1^{5-r} x^r = _5C_r x^r$$
따라서 x^2의 계수는 $_5C_2 = \dfrac{5 \times 4}{2 \times 1} = 10$

04 흰색 구슬 5개, 검은색 구슬 5개를 일렬로 모두 나열할 때, 양 끝에 흰색 구슬이 놓이는 경우의 수는? (단, 같은 색 구슬끼리는 서로 구별하지 않는다.)

① 48

② 52

③ 56

④ 58

⑤ 60

정답해설 흰색 구슬 2개를 양 끝에 배치하고

남은 구슬의 수는 흰색 구슬 3개, 검은색 구슬 5개

즉, 흰색 구슬 3개, 검은색 구슬 5개를 일렬로 나열하는 경우의 수는 $\dfrac{8!}{3!5!}=56$

05 8명의 사람이 원형의 탁자에 둘러앉을 때, 특정한 3명이 이웃하여 앉는 방법의 수는?

① 240

② 360

③ 480

④ 600

⑤ 720

정답해설 특정한 세 명을 한 사람으로 생각하고

6명이 원형의 탁자에 둘러앉는 경우의 수를 구하면

$(6-1)!=5!$

이때, 특정한 세 명이 서로 자리를 바꿀 수 있으므로 그 경우의 수는 3!가지

따라서 구하는 방법의 수는 $5!\times3!=720$

06 $\left(2x-\dfrac{1}{x}\right)^4$의 전개식에서 x^2의 계수는?

① -32

② -16

③ 16

④ 24

⑤ 32

정답해설 $\left(2x-\dfrac{1}{x}\right)^4$의 전개식에서 일반항은

$$_4\mathrm{C}_r(2x)^{4-r}\left(-\dfrac{1}{x}\right)^r = {}_4\mathrm{C}_r 2^{4-r}(-1)^r x^{4-2r}$$

$4-2r=2$에서 $r=1$이므로 x^2의 계수는

$$\therefore {}_4\mathrm{C}_1 2^{4-1}(-1)^1 = -32$$

07 1, 2, 3, 4, 5, 6을 한 번씩만 사용하여 만들 수 있는 여섯 자리 자연수 중에서 십의 자리의 수와 천의 자리의 수가 모두 3의 배수인 자연수의 개수는?

① 12

② 24

③ 36

④ 48

⑤ 60

정답해설 십의 자리의 수와 천의 자리의 수가 모두 3의 배수인 경우는 다음과 같다.

□□3□6□, □□6□3□

나머지 네 자리에 1, 2, 4, 5의 숫자를 배열하는 방법의 수는

$4! = 4 \times 3 \times 2 \times 1 = 24$

따라서 구하는 경우의 수는 $2 \times 24 = 48$

08

사내 체육대회에서 이어달리기를 하는데, 여직원 중 A, B, C가, 남직원 중 D, E가 대표선수로 뽑혔다. 5명의 직원들이 여직원, 남직원, 여직원, 남직원, 여직원 순서로 달린다고 할 때, 달리는 순서를 정하는 방법의 수는?

① 10   ② 12
③ 14   ④ 16
⑤ 18

> **정답해설**
> 두 번째, 네 번째 순서에 남직원들이 달리는 순서를 정하는 경우의 수는 $2!$
> 첫 번째, 세 번째, 다섯 번째 순서에 여직원들이 달리는 순서를 정하는 경우의 수는 $3!$
> 따라서 구하는 방법의 수는 $2! \times 3! = 12$

09

같은 모양의 구슬 10개를 세 명의 학생에게 모두 나누어 주려고 한다. 각 학생이 적어도 2개 이상은 가지도록 나누어 주는 경우의 수는?

① 14   ② 15
③ 16   ④ 17
⑤ 18

> **정답해설**
> 구슬 6개를 세 명의 학생에게 2개씩 나누어 주고 나머지 4개를 세 명에게 나누어 주면 된다.
> 이때, 세 명의 학생에게 나누어 주는 구슬의 수를 각각 x, y, z라 하면,
> $x+y+z=4$ (x, y, z는 음이 아닌 정수)를 만족시켜야 한다.
> 따라서 구하는 경우의 수는 $_{3+4-1}C_4 = {}_6C_2 = 15$

10 노란 공 3개, 빨간 공 2개가 들어 있는 주머니에서 공을 한 개씩 두 번 꺼낼 때, 두 공이 모두 노란 공일 확률은? (단, 꺼낸 공은 다시 주머니에 넣지 않는다.)

① $\dfrac{3}{10}$
② $\dfrac{1}{2}$
③ $\dfrac{7}{10}$
④ $\dfrac{4}{5}$
⑤ $\dfrac{9}{10}$

정답해설 꺼낸 공을 다시 주머니에 넣지 않으므로

처음 노란 공을 꺼낼 확률은 $\dfrac{3}{5}$

두 번째 노란 공을 꺼낼 확률은 $\dfrac{2}{4}=\dfrac{1}{2}$

따라서 구하는 확률은 $\dfrac{3}{5}\times\dfrac{1}{2}=\dfrac{3}{10}$

11 8개의 제비 중에 당첨 제비가 3개 들어 있다. 이 중에서 2개를 꺼낼 때, 적어도 1개가 당첨 제비일 확률을 구하면?

① $\dfrac{5}{14}$
② $\dfrac{9}{14}$
③ $\dfrac{5}{7}$
④ $\dfrac{11}{14}$
⑤ $\dfrac{13}{14}$

정답해설 여사건의 확률을 이용하면

2개 모두 당첨 제비가 아닐 확률은 $\dfrac{{}_5C_2}{{}_8C_2}=\dfrac{5}{14}$

따라서 구하는 확률은 $1-\dfrac{5}{14}=\dfrac{9}{14}$

14
사내 마라톤 대회에 참가한 **40**명의 직원 중 마라톤에서 완주한 직원 수와 기권한 직원 수가 다음과 같다.

구분	남성	여성
완주한 직원	12	14
기권한 직원	6	8

참가한 직원 중에서 임의로 선택한 한 명의 직원이 여성이었을 때, 이 직원이 마라톤에서 완주하였을 확률을 구하면?

① $\dfrac{4}{11}$

② $\dfrac{5}{11}$

③ $\dfrac{6}{11}$

④ $\dfrac{7}{11}$

⑤ $\dfrac{8}{11}$

정답해설 참가한 직원 중에서 여성의 수는 $14+8=22$명이고
이 중 마라톤에서 완주한 직원은 14명이므로
따라서 구하는 확률은 $\dfrac{14}{22}=\dfrac{7}{11}$

15 6명의 학생 A, B, C, D, E, F를 임의로 2명씩 짝을 지어 3개의 조로 편성하려고 한다. A와 C는 같은 조에 편성되고, E, F는 서로 다른 조에 편성될 확률은?

① $\dfrac{2}{3}$

② $\dfrac{8}{15}$

③ $\dfrac{2}{5}$

④ $\dfrac{4}{15}$

⑤ $\dfrac{2}{15}$

정답해설 6명을 2명씩 3개의 조로 편성하는 경우의 수는

$_6C_2 \times _4C_2 \times _2C_2 \times \dfrac{1}{3!} = 15$

A, C가 같은 조에 편성되고, E, F가 서로 다른 조에 편성되려면

$(A, C), (B, E), (D, F)$ 또는 $(A, C), (B, F), (D, E)$

따라서 구하는 확률은 $\dfrac{2}{15}$

소요시간		채점결과	
목표시간	25분	총 문항수	15문항
실제 소요시간	( )분 ( )초	맞은 문항 수	( )문항
초과시간	( )분 ( )초	틀린 문항 수	( )문항

3. 자료해석

⏱ 문제풀이 시간 : 30초

▶ 다음은 취업자 동향을 나타낸 [표]이다. 이에 대한 설명으로 옳지 않은 것을 고르시오.

[표] 취업자 동향

(단위 : 천 명, %, %p, 전년동월대비)

구분	2019년 5월	2020년 5월	증감	증감률
전체	26,992	27,064	72	0.3
남성	15,511	15,474	−37	−0.2
여성	11,481	11,589	108	0.9

① 2020년 5월 취업자는 전년동월대비 7만 2천명 증가하였다.

② 남성의 경우 취업자는 전년동월대비 0.2%p 증가하고 있다.

③ 여성의 경우 취업자는 전년동월대비 0.9%p 증가하였다.

④ 2020년 5월 취업자 중 여성의 비율은 약 42.8%이다.

⑤ 2019년 5월 취업자 중 남성의 비율은 약 57.4%이다.

정답해설

② 남성의 경우 취업자는 전년동월대비 0.2%p 감소하고 있다.

① 2020년 5월 취업자는 증감부분에서 전년동월대비 7만 2천명 증가하였음을 알 수 있다.

③ 여성의 경우 취업자는 증감률부분에서 전년동월대비 0.9%p 증가하였음을 알 수 있다.

④ 2020년 5월 취업자 중 여성의 비율은 $\frac{11,589}{27,064} \times 100 ≒ 42.8\%$이다.

⑤ 2019년 5월 취업자 중 남성의 비율은 $\frac{15,511}{26,992} \times 100 ≒ 57.4\%$이다.

정답 ②

[01~02] 다음은 A국 제조업체의 이익수준과 적자 보고율에 대한 [표]이다.
물음에 답하시오.

총 문항 수 : 2문항 ｜ 총 문제풀이 시간 : 2분 ｜ 문항당 문제풀이 시간 : 1분

[표] A국 제조업체의 이익수준과 적자 보고율

| 연도 | 조사대상 기업 수 (개) | 이익수준 | | | | | 적자 보고율 (%) |
| | | 전체 | | 구간 | | | |
		평균	표준편차	하위평균	중위평균	상위평균	
2014	520	0.0373	0.0907	0.0101	0.0411	0.0769	0.17
2015	540	0.0374	0.0923	0.0107	0.0364	0.0754	0.15
2016	580	0.0395	0.0986	0.0107	0.0445	0.0818	0.17
2017	620	0.0420	0.0975	0.0140	0.0473	0.0788	0.15
2018	530	0.0329	0.1056	0.0119	0.0407	0.0792	0.18
2019	570	0.0387	0.0929	0.0123	0.0414	0.0787	0.17

※ 적자 보고율 = $\dfrac{\text{적자로 보고한 기업 수}}{\text{조사대상 기업 수}}$

※ 이익수준 = $\dfrac{\text{이익}}{\text{총자산}}$

1DAY 2DAY 3DAY

01 2015년 조사대상 기업 중 이익수준을 적자로 보고한 기업수를 구하면?

① 78개   ② 79개

③ 80개   ④ 81개

⑤ 82개

 2015년 적자 기업수를 x라 하면 적자 보고율을 구하는 식에 의하여

$$\frac{x}{540} = 0.15,\ x = 81$$

02 2017년에 조사대상 기업 이익수준의 전체 평균이 254억 1천만 원이라면 총자산은 얼마인가?

① 6,050억 원   ② 6,100억 원

③ 6,150억 원   ④ 6,200억 원

⑤ 6,250억 원

 총자산을 x라 하고, 2017년 조사대상 기업 이익수준의 전체 평균을 이익수준을 구하는 식에 대입하면

$$\frac{254.1}{x} = 0.0420,\ x = 6,050(억\ 원)$$

∴ 6,050억 원이다.

03 다음은 〈계산식〉에 의하여 산출된 세 가지 사례를 나타낸 [표]이다. 특허출원 수수료는 다음과 같은 〈계산식〉에 의하여 결정된다. 면당 추가료와 청구항당 심사청구료를 각각 구하면?

[표] 특허출원 수수료 사례

구분	사례 A	사례 B	사례 C
	대기업	중소기업	개인
전체면수(장)	20	20	40
청구항수(개)	2	3	2
감면 후 수수료(원)	70,000	45,000	27,000

〈계산식〉
- 특허출원 수수료＝출원료＋심사청구료
- 출원료＝기본료＋(면당 추가료×전체면수)
- 심사청구료＝청구항당 심사청구료×청구항수

※ 특허출원 수수료는 개인은 70%, 중소기업은 50%가 감면되지만, 대기업은 감면되지 않음

	면당 추가료	청구항당 심사청구료
①	1,000원	15,000원
②	1,000원	20,000원
③	1,500원	15,000원
④	1,500원	20,000원
⑤	1,500원	25,000원

정답해설 특허출원 수수료＝출원료＋심사청구료
＝기본료＋(면당 추가료×전체면수)＋청구항당 심사청구료×청구항수
구하고자 하는 면당 추가료를 x, 청구항당 심사청구료를 y라 하면,
사례 A : 기본료＋$20x+2y$＝70,000원
사례 B : 기본료＋$20x+3y$＝90,000원(50% 감면 전)
사례 C : 기본료＋$40x+2y$＝90,000원(70% 감면 전)
연립하여 계산하면 x＝1,000원, y＝20,000원이다.

04 다음은 박은식의 『한국독립운동지혈사』에서 발췌한 3·1 운동 관련 자료이다. 가, 나, 다, 라, 마 지역의 3·1 운동 참여자 중 사망자의 비율은? (단, 소수점 둘째 자리에서 반올림한다.)

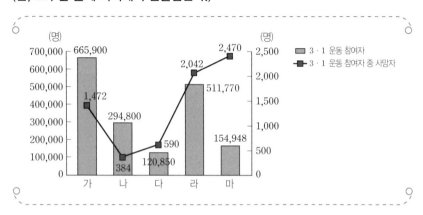

① 약 0.25%
② 약 0.28%
③ 약 0.31%
④ 약 0.36%
⑤ 약 0.4%

정답
해설 가, 나, 다, 라, 마 지역의 3·1 운동 참여자 :
665,900 + 294,800 + 120,850 + 511,770 + 154,948 = 1,748,268(명)
가, 나, 다, 라, 마 지역의 3·1 운동 참여자 중 사망자 :
1,472 + 384 + 590 + 2,042 + 2,470 = 6,958(명)
∴ $\frac{6,958}{1,748,268} \times 100 \doteqdot 0.4(\%)$

[05~06] 다음 자료를 보고 물음에 답하시오.

[표1] 해양오염사고발생 현황 – 원인별

원인별	2018년		2019년		2020년	
	건수(건)	유출량(kl)	건수(건)	유출량(kl)	건수(건)	유출량(kl)
합계	285	364.7	345	14,021.8	265	435.9
해난	73	128.2	124	13,941.3	62	342.0
부주의	117	11.7	146	14.9	141	38.5
고의	14	1.2	23	3.1	16	51.8
파손	74	223.4	45	61.5	22	0.9
기타	7	0.2	7	1.0	24	2.7

[표2] 해양오염사고발생 현황 – 배출원별

배출원별(1)	배출원별(2)	2018년		2019년		2020년	
		건수(건)	유출량(kl)	건수(건)	유출량(kl)	건수(건)	유출량(kl)
합계	소계	285	364.7	345	14,021.8	265	435.9
선박	소계	237	153.0	299	13,961.0	212	369.5
	화물선	33	58.4	47	140.5	32	3.5
	유조선	26	11.4	36	12,626.3	23	301.1
	어선	112	20.6	141	49.3	98	33.7
	기타선	66	62.6	75	1,144.9	59	31.2
육상	소계	41	211.5	39	59.8	28	63.7
기타	소계	7	0.2	7	1.0	25	2.7

이문제중요!★

05 다음 중 자료를 잘못 분석한 것은?

① 해양오염사고가 가장 많이 일어난 때는 2019년이다.
② 해양오염사고 원인 중 해양 오염에 가장 큰 영향을 미친 것은 해난이다.
③ 2019년에 유출량이 가장 많은 배출원은 유조선이다.
④ 화물선으로 인한 해양오염사고의 유출량은 건수에 비례한다.
⑤ 2020년에 유출량이 가장 적은 배출원은 화물선이다.

정답해설 2018년에는 33건으로 58.4kl이고, 2019년에는 47건으로 140.5kl, 2020년에는 32건으로 3.5kl인 것으로 보아 비례한다고는 할 수 없다.

 이문제중요!★

06 2019년도 해양오염사고의 건수는 전년대비 몇 % 증가하였는가? (단, 소수점 첫째 자리에서 반올림한다.)

① 약 16%
② 약 21%
③ 약 25%
④ 약 30%
⑤ 약 35%

정답해설 $\frac{345-285}{285} \times 100 ≒ 21(\%)$

07 다음은 학생 20명의 용돈과 소비액의 상관도이다. 다음의 설명 중 옳은 것을 모두 고른 것은?

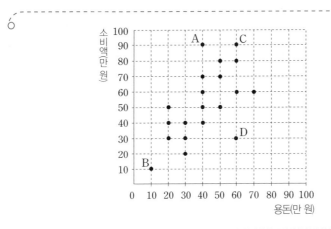

ㄱ. A학생의 소비액은 용돈의 2배 이상이다.

ㄴ. B학생의 용돈과 소비액이 같다.

ㄷ. C학생의 소비액은 용돈의 1.5배이다.

ㄹ. D학생의 용돈은 소비액의 2배이다.

① ㄱ   ② ㄱ, ㄴ

③ ㄴ, ㄷ   ④ ㄴ, ㄷ, ㄹ

⑤ ㄱ, ㄴ, ㄷ, ㄹ

 정답
해설
ㄱ. A학생의 용돈은 40만 원이고, 소비액은 90만 원이므로 소비액이 용돈의 2배 이상이다.

ㄴ. B학생의 용돈과 소비액은 각각 10만 원으로 같다.

ㄷ. C학생의 용돈은 60만 원이며, 소비액은 용돈의 1.5배인 90만 원이다.

ㄹ. D학생의 용돈은 60만 원으로 소비액인 30만 원의 2배이다.

08

다음은 합계출산율과 기대수명에 따라 65세 이상 인구의 비중이 어떻게 달라지는지 알아보기 위한 시뮬레이션 결과이다. 자료에 대한 설명으로 옳지 않은 것은?

[표] 합계출산율과 기대수명에 따른 65세 이상 인구의 비중

(단위 : %)

기대수명(세) \ 합계출산율(명)	2	3	4	5	6
50	12.7	8.8	5.5	3.7	2.6
60	15.0	8.8	5.4	3.6	2.5
70	16.5	9.8	5.7	3.7	2.6
80	18.0	9.9	6.1	4.0	2.8

※ 합계출산율＝한 여성이 단산기에 이르기까지 출산하는 평균 자녀 수

① 합계출산율이 고정되어 있고 기대수명이 70세 이상이라면 65세 이상 인구의 비중은 항상 증가한다.
② 합계출산율이 5나 6인 사회는 표에 제시된 어떠한 기대수명에 대해서도 65세 미만 인구가 95%를 넘는다.
③ 기대수명이 50세에서 80세로 변하는 경우와 합계출산율이 6에서 2로 변하는 경우를 비교하면 후자의 경우가 인구 고령화에 미치는 효과가 상대적으로 더 크다.
④ 합계출산율이 줄어들면 기대수명은 증가한다.
⑤ 기대수명이 고정되어 있고 합계출산율이 변동한다면 65세 이상 인구의 비중은 항상 감소한다.

정답해설 주어진 자료로는 합계출산율과 기대수명 사이의 관계에 대해서 알 수 없다.

[09~10] 다음은 성별 · 연령별 실업률을 나타낸 [표]이다.

총 문항 수 : 2문항 | 총 문제풀이 시간 : 1분 | 문항당 문제풀이 시간 : 30초

[표] 성/연령별 실업률

(단위 : %)

구분		2019.03	2019.05	2019.07	2019.09
연령 계층별	계	3.4	3.0	3.1	3.0
	15~19세	5.9	5.7	12.5	8.8
	20~29세	7.6	6.9	7.0	6.0
	30~39세	3.1	3.2	2.9	3.3
	40~49세	2.4	2.0	2.0	2.0
	50~59세	2.0	1.9	2.0	2.1
	60세 이상	1.4	1.2	1.0	1.0
성별	남성	3.7	3.4	3.5	3.4
	여성	2.8	2.5	2.6	2.4

※ 실업률(%) = $\dfrac{실업자}{경제활동인구} \times 100$

09 다음 자료를 보고 잘못 해석한 것은?

① 10대를 제외할 때 실업률이 가장 높은 연령대는 20대이다.
② 남성의 실업률이 여성의 실업률보다 높다.
③ 실업률이 가장 낮은 연령대는 60세 이상이다.
④ 40대의 실업률은 계속 감소하고 있다.
⑤ 여성의 실업률은 최근 가장 낮다.

정답 해설 40대의 실업률은 2019년 3월에서 5월 사이 감소하다가 5월 이후 변화를 보이지 않는다.

10 경제활동인구가 남녀 각각 2,000명이라고 가정할 때, 2019년 9월의 남성 실업자는 여성 실업자보다 몇 명이 더 많은가?

① 15명   ② 18명

③ 20명   ④ 25명

⑤ 28명

정답해설 2019년 9월 남성 실업자 : $2,000 \times \dfrac{3.4}{100} = 68$(명)

2019년 9월 여성 실업자 : $2,000 \times \dfrac{2.4}{100} = 48$(명)

11 다음은 A국의 금융서비스 제공방식별 업무처리 건수 비중 현황이다. 이에 대한 설명 중 옳은 것은?

[표] A국의 금융서비스 제공방식별 업무처리

(단위 : %)

구분\n연도	대면거래	비대면거래			합계
		CD/ATM	텔레뱅킹	인터넷뱅킹	
2016	13.6	38.0	12.2	36.2	100.0
2017	13.8	39.5	13.1	33.6	100.0
2018	13.7	39.3	12.6	34.4	100.0
2019	13.6	39.8	12.4	34.2	100.0
2020	12.2	39.1	12.4	36.3	100.0

① 2020년의 비대면거래 건수 비중은 2018년 대비 1.5%p 증가하였다.

② 2016~2020년 동안 대면거래 건수 비중은 매년 감소하였다.

③ 2016~2020년 동안 매년 비대면거래 중 업무처리 건수가 가장 적은 제공방식은 인터넷 뱅킹이다.

④ 2016년~2020년 중 대면거래 금액이 가장 많았던 연도는 2017년이다.

⑤ 2020년 대면거래는 인터넷뱅킹보다 24.1% 높다.

① 2018년의 비대면거래 건수 비중은 100−13.7＝86.3(%)이고, 2020년의 비대면거래 건수 비중은 100−12.2＝87.8(%)이다. 따라서 2020년의 비대면거래 건수 비중은 2018년 대비 87.8−86.3＝1.5%p 증가하였다.

② 2017년에는 2016년에 비해 대면거래 건수 비중이 증가하였다.

③ 2016~2020년 동안 매년 비대면거래 중 업무처리 건수가 가장 적은 제공방식은 텔레뱅킹이다.

④ 주어진 자료로는 대면거래 금액을 알 수 없다.

⑤ 2020년 대면거래는 인터넷뱅킹보다 24.1% 낮다.

⭐ TIP **자료 해석 영역을 위한 노하우**

- **오답부터 제거하자** : 자료 해석 영역은 이름 그대로 자료를 얼마나 빠르고 정확하게 해석할 수 있는가에 중점을 두고 있으므로, 선택지 중에는 계산 과정 없이도 걸러낼 수 없는 오답이 상당수 포함되어 있다.
- **자의적으로 판단하지 말 것** : 대부분의 경우 자료 해석 문제를 해결하기 위해서는 추론 과정을 거쳐야 한다. 여기서 추론은 주어진 자료 내에서만 해야 한다.
- **지시문과 선택지를 통해 문제를 파악하자** : 지시문과 선택지를 먼저 파악할 경우 풀이 시간을 줄일 수 있는 문제들이 존재한다. 지시문과 선택지를 읽어 그 문제를 통해 구해야 하는 것이 무엇인지 확인한 후, 주어진 자료를 훑어보면서 필요 항목에 체크하며 문제를 풀어 나가자.

[12~13] 다음은 분위별 평균 소득에 대하여 조사한 결과이다. [표]를 참고하여 물음에 답하시오.

총 문항 수 : 2문항 | 총 문제풀이 시간 : 2분 | 문항당 문제풀이 시간 : 1분

[표] 분위별 평균 소득

(단위 : 천 원)

구분	I 분위	II 분위	III 분위	IV 분위	V 분위
2018	1,069	1,775	2,387	3,192	5,537
2019	1,093	1,939	2,556	3,406	5,703
2020	1,118	2,028	2,729	3,637	6,054

※ 단. 소득은 V분위가 가장 높다.

12 2018년에 소득 상위 2개 분위 계층의 소득이 전체에서 차지하는 비율은? (단, 소수 다섯째 자리에서 반올림함)

① 약 62.5286%
② 약 62.5287%
③ 약 62.5288%
④ 약 62.5289%
⑤ 약 62.5578%

2018년 5개 분위의 합은 1,069＋1,775＋2,387＋3,192＋5,537＝13,960(천 원)
2018년 소득 상위 2개 분위 계층의 소득은 3,192＋5,537＝8,729(천 원)

$\frac{8,729(천\ 원)}{13,960(천\ 원)} \times 100 ≒ 62.5287(\%)$

📢 이문제중요! ⭐

13 2020년 평균 소득의 전년대비 증가율을 바르게 계산한 것은? (단, 소수 다섯째 자리에서 반올림함)

① 약 5.9129% ② 약 5.9128%

③ 약 5.9127% ④ 약 5.9126%

⑤ 약 6.104%

정답 해설

2020년의 평균 소득 : $\dfrac{1,118+2,028+2,729+3,637+6,054}{5}=3,113.2$(천 원)

2019년의 평균 소득 : $\dfrac{1,093+1,939+2,556+3,406+5,703}{5}=2,939.4$(천 원)

$\dfrac{3,113.2(천\ 원)-2,939.4(천\ 원)}{2,939.4(천\ 원)}\times100≒5.9128(\%)$

[14~15] 다음은 육아휴직 이용과 인력대체 현황에 대하여 조사한 결과이다. [표]를 참고하여 물음에 답하시오.

총 문항 수 : 2문항 | 총 문제풀이 시간 : 2분 | 문항당 문제풀이 시간 : 1분

[표1] 성별 육아휴직 이용인원 현황

(단위 : 명)

구분	2018년		2019년		2020년	
	대상인원	이용인원	대상인원	이용인원	대상인원	이용인원
남성	18,620	25	15,947	50	15,309	55
여성	9,749	578	8,565	894	9,632	1,133
전체	28,369	603	24,512	944	24,941	1,188

※ 육아휴직 이용률($\%$) $= \dfrac{\text{육아휴직 이용인원}}{\text{육아휴직 대상인원}} \times 100$

[표2] 육아휴직 이용과 인력대체 현황(2019년)

(단위 : 명)

구분	대상인원	이용인원	대체인원
중앙행정기관	14,929	412	155
지방자치단체	10,012	776	189
계	24,941	1,188	344

※ 육아휴직 인력대체율($\%$) $= \dfrac{\text{육아휴직 대체인원}}{\text{육아휴직 이용인원}} \times 100$

🔊 **이 문제 중요!**

14 2020년 지방자치단체의 육아휴직 인력대체율은? (단, 소수점 둘째자리에서 반올림함)

① 약 23.1%
② 약 23.2%
③ 약 23.8%
④ 약 24.4%
⑤ 약 24.8%

정답해설 $\frac{189}{776} \times 100 ≒ 24.4(\%)$

15 2018년 대비 2020년의 남성 육아휴직 이용률 증가폭은? (단, 소수점 둘째자리에서 반올림함)

① 약 0.38%p
② 약 0.34%p
③ 약 0.31%p
④ 약 0.28%p
⑤ 약 0.23%p

정답해설 2018년의 남성 육아 휴직 이용률 : $\frac{25}{18,620} \times 100 ≒ 0.13\%$

2020년의 남성 육아 휴직 이용률 : $\frac{55}{15,309} \times 100 ≒ 0.36\%$

∴ $0.36 - 0.13 = 0.23\%p$

소요시간		채점결과	
목표시간	15분	총 문항수	15문항
실제 소요시간	( )분 ( )초	맞은 문항 수	( )문항
초과시간	( )분 ( )초	틀린 문항 수	( )문항

3DAY

추리 및 시각적사고

추리

1. 언어추리

⏰ 문제풀이 시간 : 3분

▶ 5층 건물에 각 층마다 다른 국적을 가진 사람이 살고 있다. 그들은 서로 다른 취미를 가지며 각각 다른 음료수를 좋아한다고 할 때 다음 조건에 맞추어 물음에 알맞은 답을 고르시오. (01~04)

가. 미국인은 맥주를 좋아하고 영국인과 이웃하지 않는다.
나. 취미가 뜨개질인 사람과 영화감상인 사람은 맥주를 좋아하는 사람과 이웃한다.
다. 한국인은 커피와 뜨개질을 즐기는 사람과 이웃한다.
라. 영국인은 1층에 살고 있으며 취미가 독서이다.
마. 독일인은 콜라를 좋아하며, 운동이 취미인 사람과 이웃한다.
바. 녹차를 좋아하는 한국인은 독서가 취미인 사람과 이웃한다.
사. 프랑스인은 건물의 가운데 층에 살며, 독일인과 이웃하지 않는다.
아. 독서를 좋아하는 사람은 주스를 좋아하며, 여행이 취미인 사람과 이웃한다.

01 4층에 살고 있는 사람은 누구인가?

① 미국인   ② 한국인
③ 독일인   ④ 영국인
⑤ 프랑스인

구분\n층수	국적	음료수	취미
1	영국	주스	독서
2	한국	녹차	여행
3	프랑스	커피	뜨개질
4	미국	맥주	운동
5	독일	콜라	영화감상

02 뜨개질이 취미인 사람은 누구인가?

① 미국인
② 독일인
③ 프랑스인
④ 영국인
⑤ 한국인

03 여행을 좋아하는 사람이 좋아하는 음료수는 무엇인가?

① 주스
② 녹차
③ 커피
④ 맥주
⑤ 콜라

04 프랑스 사람이 이웃하는 사람의 특징으로 알맞지 않은 것은?

① 한국인은 프랑스 사람의 아래층에 산다.
② 운동을 좋아하는 사람이다.
③ 독서를 좋아하는 사람과 친하다.
④ 여행을 좋아하는 사람이다.
⑤ 맥주를 좋아하는 사람이다.

유형분석 이 유형은 주어진 조건을 표나 그림으로 정리해 푸는 것이 가장 확실한 방법이다.

정답 01 ① | 02 ③ | 03 ② | 04 ③

[01~02] 다음 주어진 조건을 충족한다고 할 때 질문에 알맞은 답을 고르시오.

총 문항 수 : 2문항 | 총 문제풀이 시간 : 1분 10초 | 문항당 문제풀이 시간 : 35초

[조건]

가. A회사에선 일주일에 3일은 업무, 2일은 휴식, 2일은 여행을 한다.

나. 비오기 전날은 여행하지 않는다.

다. 비오는 날은 업무를 보지 않는다.

라. 이번 주 화요일, 목요일, 토요일에 비가 왔다.

마. 일요일은 항상 휴식을 취한다.

이 문제 중요!

01 업무를 보는 날은 무슨 요일인가?

① 월요일, 수요일, 금요일

② 월요일, 금요일, 토요일

③ 화요일, 목요일, 토요일

④ 화요일, 목요일, 금요일

⑤ 화요일, 수요일, 금요일

정답 해설

	월	화	수	목	금	토	일
비							
업무	○	×	○	×	○	×	×
휴식	×		×		×		○
여행	×		×		×		×

📢 이 문제 중요!★

02 어느 요일에 휴식을 취하면 목요일과 토요일에 여행을 갈 수 있게 되는가?

① 월요일   ② 화요일
③ 수요일   ④ 금요일
⑤ 알 수 없다.

> **정답 해설** 3일은 업무, 2일은 휴식, 2일은 여행을 해야한다에서 일요일에 휴식을 취하므로 월요일, 수요일, 금요일엔 업무를 보게 되고, 화요일에도 휴식을 취한다면 목요일과 토요일에 여행을 갈 수 있게 된다.

[03~04] 영수, 철수, 만수가 세 개의 각기 다른 공을 손에 들고 나란히 앉아 있다고 할 때 다음 조건에 맞추어 질문에 알맞은 답을 고르시오.

총 문항 수 : 2문항 | 총 문제풀이 시간 : 1분 30초 | 문항당 문제풀이 시간 : 45초

[조건]
가. 영수, 철수, 만수는 축구공, 야구공, 농구공 중 하나를 반드시 손에 들고 있다.
나. 세 명은 각각, 안경, 마스크, 모자 중 하나를 착용하고 있다.
다. 영수는 맨 오른쪽에 앉아 있다.
라. 철수는 농구공을 손에 들고 있으며 안경은 쓰고 있지 않다.
마. 안경을 쓴 학생의 바로 오른쪽에는 마스크를 쓴 학생이 앉아 있다.
바. 야구공을 든 학생은 마스크를 쓰고 있고 만수는 모자를 쓰지 않았다.

03 모자를 쓰고 있는 사람은 누구인가?

① 영수   ② 철수
③ 만수   ④ 영수, 만수
⑤ 알 수 없다.

정답 해설 다. 영수는 맨 오른쪽에 앉아 있으므로

		영수

라. 마. 철수는 농구공을 들고 있고 안경은 쓰고 있지 않으며, 안경을 쓴 학생의 바로 오른쪽에는 마스크를 쓴 학생이 앉아 있으므로

철수		영수
농구공		
	안경	마스크

또는

	철수	영수
	농구공	
안경	마스크	

바. 야구공을 든 학생은 마스크를 쓰고 있으므로

철수		영수
농구공	축구공	야구공
	안경	마스크

바. 누군가 모자를 쓰고 있지만 그 학생이 만수는 아니므로

철수	만수	영수
농구공	축구공	야구공
모자	안경	마스크

04 영수의 옆에 앉아 있는 사람이 들고 있는 공은?

① 축구공 ② 야구공

③ 농구공 ④ 축구공, 야구공

⑤ 알 수 없다.

정답 해설 **03**번 해설 참조

[05~06] 다음에 주어진 조건에 맞추어 알맞은 답을 구하시오.

총 문항 수 : 2문항 | 총 문제풀이 시간 : 3분 | 문항당 문제풀이 시간 : 1분 30초

가. 주차장에 각각 다른 차종의 자동차 다섯 대(A~E)가 나란히 주차되어 있다.

나. 각 차의 주인들은 연령층이 모두 다르며, 각각 다른 도시에 산다.

다. 각 차의 주인들은 각각 다른 종류의 직업과 취미를 갖고 있다.

라. 한가운데에 주차된 차의 주인은 인천에 산다.

마. 맨 왼쪽에 주차된 차의 주인은 연령층이 20대이다.

바. C의 주인은 연령층이 60대이다.

사. E의 주인은 볼링이 취미이다.

아. B의 주인은 부산에 산다.

자. D는 E의 바로 왼쪽에 주차되어 있다.

차. 연령층이 20대인 사람은 사무직에 종사한다.

카. 연령층이 50대인 사람은 광주에 산다.

타. 직업이 자영업인 사람은 등산이 취미이다.

파. 건설업에 종사하는 사람의 차는 영화 감상이 취미인 사람의 차 바로 오른쪽에 주차되어 있다.

하. 골프가 취미인 사람의 차는 사무직에 종사하는 사람의 차 바로 옆에 주차되어 있다.

거. IT업에 종사하는 사람은 대전에 산다.

너. D의 주인은 교직에 종사한다.

더. A는 연령층이 40대인 사람의 차 바로 왼쪽에 주차되어 있다.

러. 건설업에 종사하는 사람의 차는 대구에 사는 사람의 차 바로 오른쪽에 주차되어 있다.

머. B는 대구에 사는 사람의 차와 인천에 사는 사람의 차 사이에 주차되어 있다.

버. 음악 감상이 취미인 사람의 차 바로 옆에는 연령층이 30대인 사람의 차가 주차되어 있다.

05 차종이 C인 사람의 직업은?

① 사무직　　　　　　　② 건설업
③ 자영업　　　　　　　④ 교직
⑤ IT업

차종	A	B	C	D	E
연령층	20대	40대	60대	50대	30대
도시	대구	부산	인천	광주	대전
직업	사무직	건설업	자영업	교직	IT업
취미	영화 감상	골프	등산	음악 감상	볼링

06 건설업에 종사하는 사람의 연령층은?

① 20대　　　　　　　② 30대
③ 40대　　　　　　　④ 50대
⑤ 60대

정답해설 **05**번 해설 참고

07 S사 연구원 9명(A, B, C, D, E, F, G, H, I)을 3명씩 3개 T/F팀으로 편성하여, 3개의 신규 프로젝트(P1, P2, P3)를 추진하고자 한다. T/F팀당 1개의 프로젝트만을 추진하고, 연구원 9명은 반드시 1개의 T/F팀에 배정된다. 다음 중 같은 팀을 구성할 수 있는 연구원끼리 올바르게 짝지어진 것은?

가. C와 H는 같은 팀이다.

나. E와 F는 같은 팀이다.

다. D와 I는 다른 팀이다.

라. G는 P2를 추진해야 한다.

마. B는 D와 G 중 적어도 한 명과 같은 프로젝트를 추진해야 한다.

① A, D, G

② A, F, I

③ B, D, E

④ C, E, G

⑤ C, D, H

정답해설 '마'에서

• B와 D가 같은 팀일 때,

B, D, A	C, H, G 또는 I	E, F, G/I
B, D, G	C, H, A 또는 I	E, F, A/I

• B와 G가 같은 팀일 때,

B, G, A	C, H, D 또는 I	E, F, D/I
B, G, D	C, H, A 또는 I	E, F, A/I
B, G, I	C, H, A 또는 D	E, F, A/D

따라서 보기에서 같은 팀을 구성할 수 있는 연구원은 C, D, H의 경우뿐이다.

08 새해가 되어 철수가 친척들을 방문하려 할 때, 철수가 방문할 수 있는 친척은?

[조건]
- 큰아버지와 형수는 함께 방문할 수 없다.
- 고모와 형수는 함께 방문할 수 없다.
- 큰어머니와 삼촌은 반드시 함께 방문해야 한다.
- 큰어머니와 사촌 동생은 반드시 함께 방문해야 한다.
- 할머니와 조카는 함께 방문할 수 없다.
- 형수와 할아버지는 반드시 함께 방문해야 한다.
- 조카와 삼촌은 반드시 함께 방문해야 한다.
- 사촌 동생과 고모는 반드시 함께 방문해야 한다.
- 작은아버지와 고모는 함께 방문할 수 없다.

① 큰아버지와 할아버지　　　　② 큰어머니와 고모
③ 큰어머니와 할머니　　　　　④ 큰어머니와 형수
⑤ 큰아버지와 고모

 큰어머니와 사촌 동생은 반드시 함께 방문해야 하는데 사촌 동생과 고모도 반드시 함께 방문해야 하므로 철수는 큰어머니와 사촌 동생, 고모와 함께 방문할 수 있다.

🌟 삼단논법

명제의 참과 거짓을 판단하는 경우 '대우관계'와 '삼단논법'이 많이 활용된다.
- **명제** : 어떤 문제에 대한 하나의 논리적 판단 내용과 주장을 언어 또는 기호로 표현한 것이다. 'p이면 q이다'라는 형태를 취한다.
- **삼단논법** : '닭은 새이다. 새는 동물이다. 따라서 닭은 동물이다'에서처럼 'p이면 q이다'가 참이고 'q이면 r이다'가 참이면 'p이면 r이다'도 참이 성립하는 것을 말한다.
- **대우** : 명제 'p이면 q이다'에 대하여 'q가 아니면 p가 아니다'를 그 명제의 '대우'라고 한다. 명제가 참인 경우 그 '대우'는 반드시 참이다. 그러나 어떤 명제가 참이라도 '역'과 '이'가 반드시 참인 것은 아니다.

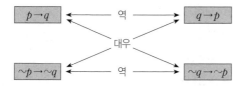

09
어느 달의 첫 날은 화요일이고, 마지막 날은 월요일이다. 그 다음 달의 마지막 날은 무슨 요일인가?

① 화요일
② 목요일
③ 금요일
④ 토요일
⑤ 일요일

정답해설 첫날이 화요일이고 마지막 날이 월요일인 달은 날 수가 28일인 2월이다. 따라서 다음 달은 3월이고 31일까지 있는 3월의 마지막 날은 목요일이 된다.

10
5층짜리 건물에 A, B, C, D, E 5개의 상가가 들어서려고 한다. 다음 조건에 따라 한 층에 하나의 상가만이 들어설 수 있다. 주어진 조건을 만족시켰을 때 보기 중 항상 참인 것은 무엇인가?

- A는 항상 B의 바로 아래에 나란히 자리한다.
- C는 항상 4층에 자리한다.
- D, E는 인접해 있을 수 없다.

① C가 4층이면 E는 A보다 위층에 있다.

② C가 4층이면 A는 5층에 있다.

③ C가 4층이면 D는 1층에 올 수 없다.

④ C가 4층이면 B는 2층 혹은 3층에 있다.

⑤ C가 4층이면 A는 3층 이상에 있다.

 조건에 따르면 다음의 표처럼 되므로 C가 4층에 있을 때 A는 1층 혹은 2층, B는 2층에 있거나 3층에 자리하게 된다.

5	E	D	E	D
4	C	C	C	C
3	D	E	B	B
2	B	B	A	A
1	A	A	D	E

---

11 네 개의 의자에 지훈, 재한, 윤훈, 선예가 일렬로 앉으려고 한다. 다음과 같은 조건이 있다면 윤훈이는 왼쪽에서 몇 번째 의자에 앉아야 하는가?

- 선예가 오른쪽에서 두 번째 의자에 앉아야 한다.
- 지훈이는 재한이의 바로 오른쪽, 선예의 바로 왼쪽에 앉아야 한다.

① 첫 번째   ② 두 번째

③ 세 번째   ④ 네 번째

⑤ 알 수 없다.

정답해설 이들이 앉아 있는 순서는 다음과 같다.

왼쪽 |재한| |지훈| |선예| |윤훈| 오른쪽

124

12 다음 중 "A는 결혼을 하지 않았다."는 진술과 모순되는 진술을 이끌어 내기 위해 필요한 전제를 아래 [보기]에서 모두 맞게 고른 것은?

[보기]
⊙ A는 야구를 좋아한다.
ⓒ A가 결혼을 하지 않았다면 A는 서울 출신이다.
ⓒ A가 야구를 좋아했다면, A는 서울 출신이 아니다.
ⓒ A가 염색을 했다면, A는 서울 출신이다.
ⓜ A는 야구를 좋아하거나 염색을 했다.

① ⊙, ⓒ, ⓒ
② ⊙, ⓒ, ⓒ
③ ⓒ, ⓒ, ⓒ
④ ⓒ, ⓒ, ⓜ
⑤ ⓒ, ⓒ, ⓜ

정답해설 "A는 결혼을 했다."라는 진술이 제시된 진술과 모순이다. 〈보기〉 중 결혼과 관련된 전제인 ⓒ을 명제로 볼 때, 그 대우인 "A가 서울 출신이 아니라면 A는 결혼을 했다."는 참이 된다. 이 때, "A는 서울 출신이 아니다."라는 전제가 포함된 ⊙과 ⓒ이 필요하므로 ⊙, ⓒ, ⓒ이 모두 필요하다는 것을 알 수 있다.

[13~15] 다음 문장을 읽고 그 내용에 가장 부합하는 것을 고르시오.

총 문항 수 : 3문항 | 총 문제풀이 시간 : 1분 30초 | 문항당 문제풀이 시간 : 30초

13

• 오늘 별똥별이 떨어지면 내일 비가 올 것이다.
• 바다가 기분이 좋으면 별똥별이 떨어진다.
• 바다는 아름답다.
따라서 _____

① 오늘 별똥별이 떨어지지 않으면 내일 비가 오지 않는다.
② 바다가 아니면 아름답지 않다.
③ 오늘 바다가 기분이 좋으면 내일 비가 올 것이다.
④ 바다가 아름다우면 오늘 별똥별이 떨어질 것이다.
⑤ 내일 비가 오지 않으면 바다는 아름답다.

정답 해설 ③ 바다가 기분이 좋으면 별똥별이 떨어지고, 별똥별이 떨어지면 다음날 비가 올 것이라고 했으므로 오늘 바다가 기분이 좋으면 내일 비가 올 것이다는 명제는 참이다.
①, ② 항상 참인 것은 아니다.

14

• 이번 수학 시험에서 민정이가 가장 높은 점수를 받았다.
• 정연이는 수학 시험에서 86점을 받아 2등을 했다.
• 가아는 지난 수학 시험보다 10점 높은 점수를 받았다.
따라서 ______________________

① 가아는 민정이와 같은 수학 점수를 받았다.
② 가아는 정연이보다 높은 수학 점수를 받았다.
③ 민정이의 수학 점수는 86점보다 높다.
④ 가아는 정연이보다 10점 낮은 점수를 받았다.
⑤ 가아는 지난 수학 시험에서 76점을 받았다.

정답 해설 수학 시험에서 민정이는 가장 높은 점수를 받았고, 2등을 한 정연이가 86점을 받았으므로 민정이의 수학 점수는 86점보다 높다.

15

당근을 좋아하는 사람은 라디오를 갖고 있다.

모든 거짓말쟁이는 긴 코를 가지고 있다.

우유를 마시지 않는 사람은 모두 키가 작다.

키가 작은 사람 중 일부는 당근을 싫어한다.

긴 코를 가진 모든 거짓말쟁이는 모든 텔레비전을 갖고 있다.

당근을 싫어하는 모든 사람은 코가 빨갛다.

텔레비전을 가진 사람 중에는 우유를 마시지 않는 사람도 있다.

그러므로 _____

① 긴 코를 가진 거짓말쟁이 중에는 키가 작은 사람이 있다.

② 모든 거짓말쟁이는 당근을 좋아한다.

③ 라디오를 갖고 있지 않은 사람은 키가 크다.

④ 코가 빨갛지 않으면 거짓말쟁이가 아니다.

⑤ 우유를 마시는 사람은 모두 당근을 싫어한다.

정답해설 모든 거짓말쟁이는 긴 코와 텔레비전을 갖고 있다. 이들 중에는 우유를 마시지 않는 사람이 있는데 우유를 마시지 않는 모든 사람은 키가 작으므로, 긴 코를 가진 거짓말쟁이 중에는 키가 작은 사람이 있다.

소요시간		채점결과	
목표시간	13분	총 문항수	15문항
실제 소요시간	( )분 ( )초	맞은 문항 수	( )문항
초과시간	( )분 ( )초	틀린 문항 수	( )문항

2. 단어추리

기출유형분석

🕐 문제풀이 시간 : 20초

▶ 다음 제시된 단어의 상관관계를 잘 이해한 후, 그와 같은 관계가 되도록 알맞은 것을 고르시오.

땅 : (　　) = 비행기 : 대

① 대지　　　　　　　② 필지

③ 요지　　　　　　　④ 택지

⑤ 공터

정답해설 물건을 세는 단위를 묻는 문제이다.
② 필지(筆地) : 논, 밭, 대지 등을 세는 단위

오답해설 ① 대지(大地) : 대자연의 넓고 큰 땅
③ 요지(要地) : 중요한 역할을 하는 곳. 또는 그런 핵심이 되는 곳
④ 택지(宅地) : 건물을 세울 수 있는 여건이 갖춰진 토지를 이르는 말
⑤ 공터 : 빈 땅. 빈 터. 공처(空處). 공한지

정답 ②

[01~03] 다음 제시된 단어의 상관관계를 잘 이해한 후, 그와 같은 관계가 되도록 알맞은 것을 고르시오.

총 문항 수 : 3문항 | 총 문제풀이 시간 : 1분 30초 | 문항당 문제풀이 시간 : 30초

01 도로(道路) : 국도(國道) = (   ) : 사각형

① 정삼각형   ② 다각형

③ 직사각형   ④ 정사각형

⑤ 마름모

정답해설 도로와 국도는 상하관계이므로 빈칸은 다각형이 들어가는 것이 적절하다.

02 호젓하다 : (   ) = 보조개 : 볼우물

① 대꾼하다   ② 대살지다

③ 후미지다   ④ 담숙하다

⑤ 번거롭다

정답해설 보조개 : 말하거나 웃을 때에 두 볼에 움푹 들어가는 자국, '볼우물'이라고도 함
호젓하다 : 후미져서 무서움을 느낄 만큼 고요하다. '후미지다'와 유사한 의미
① **대꾼하다** : 생기가 없이 파리하다.
② **대살지다** : 몸이 야위고 파리하다.
④ **담숙하다** : 포근하고 폭신하다.
⑤ **번거롭다** : 어수선하고 복잡한 데가 있다.

03 화백회의 : 신라 ＝ 제가회의 : (   )

① 부여 　　　　　　　　② 고구려
③ 발해 　　　　　　　　④ 백제
⑤ 고려

 화백회의 : 신라의 귀족 대표자 회의
제가회의 : 고구려 때 국가의 정책을 심의하고 의결하던 귀족회의

[04~09] 다음 나열된 문자의 공통된 규칙을 찾아 빈칸에 들어갈 알맞은 문자를 고르시오.

총 문항 수 : 6문항 | 총 문제풀이 시간 : 2분 30초 | 문항 당 문제풀이 시간 : 30초

04 라　다　바　마　아　(   )

① 라 　　　　　　　　② 사
③ 카 　　　　　　　　④ 타
⑤ 파

 라　　다　　바　　마　　아　　(   )
-1　$+3$　-1　$+3$　-1

05 타　하　차　타　아　(   )

① 카 　　　　　　　　② 하
③ 아 　　　　　　　　④ 차
⑤ 파

정답해설

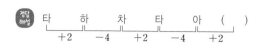

06 하 사 나 다 하 사 나 다 하 사 나 ( )

① 가   ② 바
③ 다   ④ 아
⑤ 자

정답해설 (하사나다) (하사나다) (하사나?)

07 A ㄴ ㄹ G ㅋ ㄴ ( )

① ㅅ   ② H
③ ㅎ   ④ V
⑤ ㅈ

정답해설

한글 자음은 총 14개이므로

16－14＝2 → ㄴ

22－14＝8 → ㅇ

빈칸에 들어갈 수 있는 문자는 22번째 알파벳인 V 또는 8번째 한글 자음인 ㅇ이다.

08 마 h P ㅋ W 호 ( )

① ㅂ   ② 주

③ r   ④ U

⑤ ㅎ

정답 해설

마(5)   h(8)   P(16)   ㅋ(11)   W(49)   호(14)   r(148)

+3   +3

×3+1   ×3+1   ×3+1

알파벳은 총 26개이므로

49−26=23 → W

148−(26×5)=148−130=18 → r

한글 자음은 총 14개이므로

148−(14×10)=148−140=8 → ㅇ

빈칸에 들어갈 수 있는 문자는 18번째 알파벳인 r 또는 8번째 한글 자음인 ㅇ이다.

09 ㄱ ㄷ D G ㅋ ㄹ ( ) U

① ㄱ   ② C

③ ㅁ   ④ H

⑤ ㅂ

정답 해설

ㄱ(1) ㄷ(3) D(4) G(7) ㅋ(11) ㄹ(18) C(29) U(47)

앞선 두 문자의 번호에 해당하는 숫자를 더하면 다음 문자의 번호가 된다. 또한 한글 자음과 알파벳이 각각 두 개씩 번갈아 배열되어 있으므로, 빈칸에는 알파벳이 들어가야 한다.

알파벳은 총 26개이므로

29−26=3 → C

[10~12] 다음 제시된 그림을 이해하고 '?'에 들어갈 알맞은 문자를 고르시오.

총 문항 수 : 3문항 | 총 문제풀이 시간 : 2분 | 문항당 문제풀이 시간 : 40초

10

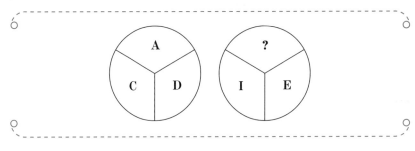

① F   ② G
③ D   ④ B
⑤ A

정답
해설 {C(3)+D(4)}÷7=A(1), {I(9)+E(5)}÷7=B(2)

📢이 문제 중요!★

11

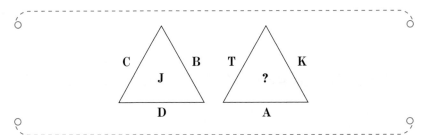

① P   ② T
③ U   ④ O
⑤ J

$$\{C(3)-B(2)+D(4)\} \times 2 = J(10), \{T(20)-K(11)+A(1)\} \times 2 = T(20)$$

12

→		
B	C	E
O		H
N	?	I

① I   ② K
③ J   ④ M
⑤ L

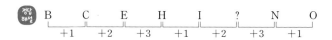

	소요시간			채점결과	
목표시간	4분		총 문항수	12문항	
실제 소요시간	( )분 ( )초		맞은 문항 수	( )문항	
초과시간	( )분 ( )초		틀린 문항 수	( )문항	

3. 도형추리

⏰ 문제풀이 시간 : 15초

▶ 다음에 배열되어 있는 도형의 일정한 규칙을 찾아 해당 순서에 알맞은 도형을 고르시오.

①

②

③

④

⑤

 도형을 시계 반대 방향으로 90°씩 회전시킨다.

정답 ④

[01~05] 다음에 배열되어 있는 도형의 일정한 규칙을 찾아 해당 순서에 알맞은 도형을 고르시오.

총 문항 수 : 5문항 | 총 문제풀이 시간 : 1분 15초 | 문항당 문제풀이 시간 : 15초

이 문제 중요!

01

①   ②

③   ④

⑤

정답해설 도형은 시계 방향으로 90°씩 회전하고 있다.

02

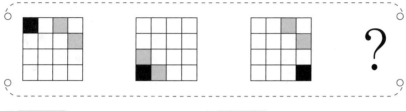

①

②

③

④

⑤

정답
해설 검은색 면은 시계 반대방향으로 90°씩 회전하고, 회색 면은 대각선 방향으로 번갈아 교체되고 있다.

03

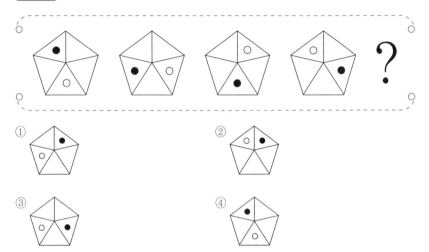

①

②

③

④

⑤

정답해설 5개의 삼각형으로 이루어진 오각형으로, 안쪽에는 흰색과 검은색의 원이 그려져 있다. 이 두 개의 원이 시계 반대 방향으로 한 칸씩 이동하고 있다.

04

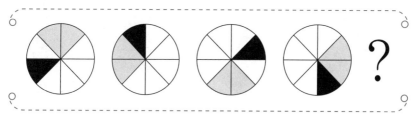

 ①

 ②

 ③

 ④

 ⑤

정답
해설 검은색은 시계 방향으로 두 칸씩, 회색은 시계 반대 방향으로 두 칸씩 이동하고 있다.

05

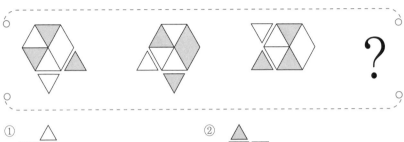

①

②

③

④

⑤

정답 해설 큰 육각형 안의 색은 시계 방향으로 한 칸씩 이동하고 있다. 육각형의 바깥쪽에 있는 두 개의 삼각형은 시계 방향으로 한 칸씩 이동하고 있다.

기출유형분석

▶ 다음에 제시된 도형의 좌우 관계가 같도록 '?'에 들어갈 알맞은 도형을 고르시오.

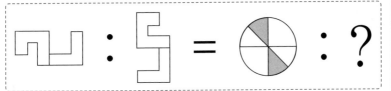

①

②

③

④

⑤

정답
해설 도형을 시계 방향으로 90° 회전시킨 후 좌우를 뒤집는다.

정답 ①

[01~05] 다음에 제시된 도형의 좌우 관계가 같도록 '?'에 들어갈 알맞은 도형을 고르시오.

총 문항 수 : 5문항 | 총 문제풀이 시간 : 1분 15초 | 문항당 문제풀이 시간 : 15초

01

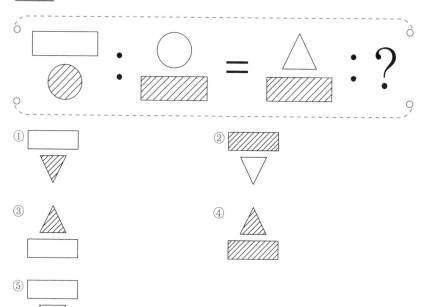

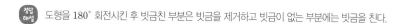 도형을 180° 회전시킨 후 빗금친 부분은 빗금을 제거하고 빗금이 없는 부분에는 빗금을 친다.

02

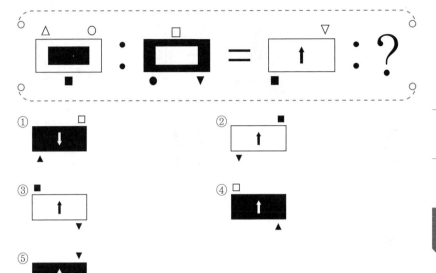

①

②

③

④

⑤

정답해설 왼쪽 도형을 180° 회전시킨 후 색을 반전하면 ① 도형이 된다.

1DAY 2DAY 3DAY

03

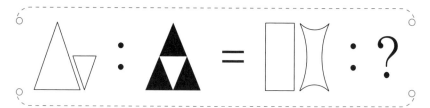

①   ②

③   ④

⑤

 두 도형을 포갠 후 겹치지 않는 영역을 칠한다.

144

04

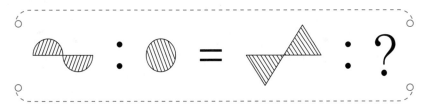

 ①

 ②

 ③

 ④

 ⑤

정답해설 　왼쪽 도형의 윗부분과 아랫부분을 분리하여 서로 합친 후 좌우를 뒤집으면 ③ 도형이 된다.

05

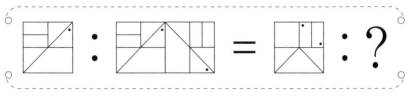

①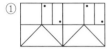

②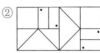

③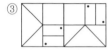

④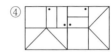

⑤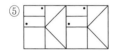

 왼쪽의 도형과 같은 도형을 시계 방향으로 90° 회전시킨 후 원래 도형의 오른쪽에 붙이면 ② 도형이 된다.

기출유형분석

⏰ 문제풀이 시간 : 15초

▶ 다음 주어진 도형들을 보고 '?'에 들어갈 도형을 보기에서 고르시오.

①

②

③

④

⑤

정답
해설
행마다 큰 도형 안에 있는 작은 삼각형, 사각형, 원은 칸마다 하나씩 들어간다. 첫 번째 열 바깥 쪽 큰 도형과 세 번째 열 바깥 쪽 큰 도형은 서로 같다.

정답 ①

3일 벼락치기 삼성 GSAT(통합형)

[01~05] 다음 주어진 도형들을 보고 '?'에 들어갈 도형을 보기에서 고르시오.

총 문항 수 : 5문항 | 총 문제풀이 시간 : 1분 15초 | 문항당 문제풀이 시간 : 15초

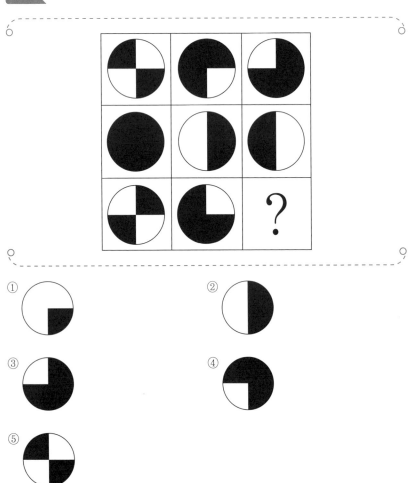

 첫 번째와 두 번째 도형의 흰 부분만을 합친 다음 색을 반전하면 세 번째 도형이 된다. 그러므로 물음
표에는 ④ 도형이 된다.

02

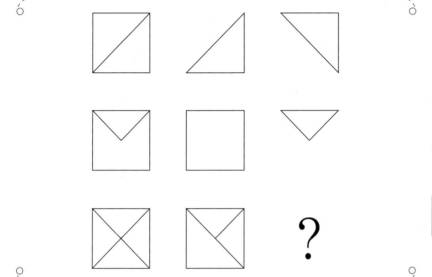

 ①

 ②

 ③

 ④

 ⑤

정답해설 두 번째 열과 세 번째 열의 도형들을 서로 포개거나 붙이면 첫 번째 열의 도형이 된다.

이 문제 중요!

03

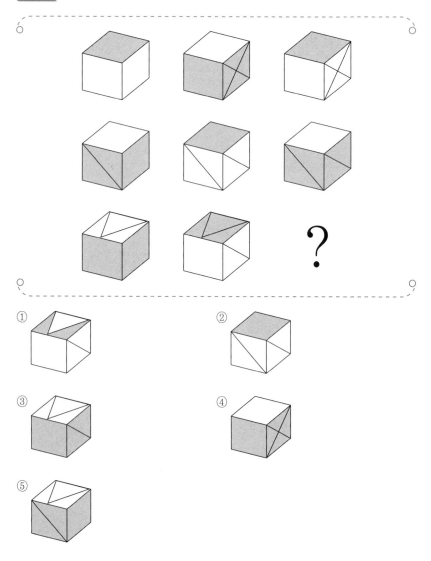

도형의 윗면은 회색과 흰색을 반복하며 문양은 항상 같다. 옆면의 문양은 두 번째 열과 세 번째 열에서 서로 같다. 앞면 문양은 세 칸이 서로 같으며 회색과 흰색을 반복한다.

📢 이 문제 중요!**

04

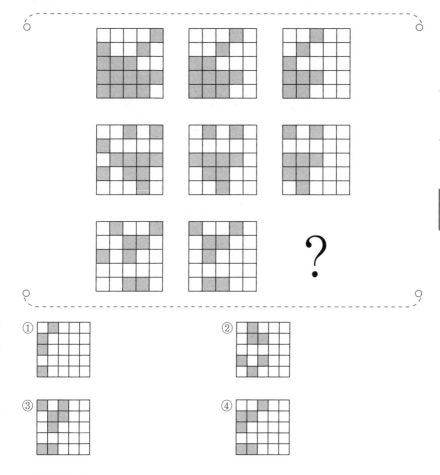

정답
해설 오른쪽으로 이동할 때마다 도형의 회색 칸이 왼쪽으로 한 칸씩 이동한다.

05

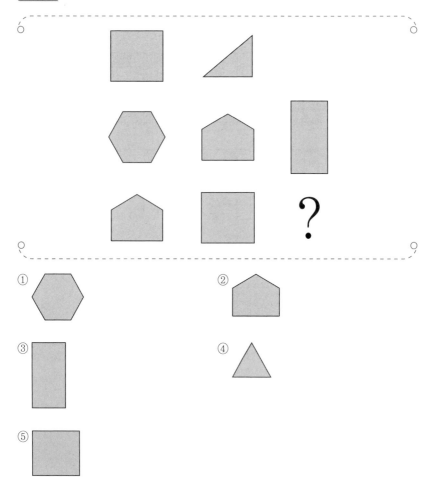

① ② ③ ④ ⑤

정답해설 첫 번째 행 : 사각형 → 삼각형 → 없음, 두 번째 행 : 육각형 → 오각형 → 사각형, 세 번째 행 : 오각형 → 사각형 → ?

소요시간		채점결과	
목표시간	3분 45초	총 문항수	15문항
실제 소요시간	( )분 ( )초	맞은 문항 수	( )문항
초과시간	( )분 ( )초	틀린 문항 수	( )문항

4. 도식추리

⏰ 문제풀이 시간 : 10초

▶ 다음에 나열된 숫자들에 적용된 규칙을 찾아 빈칸에 들어갈 알맞은 숫자를 구하면?

$$\frac{2}{3} \quad 1 \quad 2 \quad 5 \quad 15 \quad (\quad) \quad 210$$

① 45

② $\frac{97}{2}$

③ 50

④ $\frac{105}{2}$

⑤ 60

정답해설 나열된 숫자의 규칙은 다음과 같다.

$$\frac{2}{3} \times 1.5 \left(=\frac{3}{2}\right) = 1$$

$$1 \times 2.0 = 2$$

$$2 \times 2.5 = 5$$

$$5 \times 3.0 = 15$$

$$15 \times 3.5 = \left(\frac{105}{2}\right)$$

$$\left(\frac{105}{2}\right) \times 4.0 = 210$$

따라서 빈칸은 '$\frac{105}{2}$'이다.

정답 ④

[01~10] 다음 나열된 숫자의 공통된 규칙을 찾아 빈칸에 들어갈 알맞은 숫자를 고르시오.

총 문항 수 : 10문항 | 총 문제풀이 시간 : 3분 20초 | 문항당 문제풀이 시간 : 20초 내외

01

24   20   4   −2   −0.4   −8.4   (   )

① −14.6
② −12.4
③ −1.68
④ −1.46
⑤ −1.25

정답해설 24   20   4   −2   −0.4   −8.4   (   )
　　　　　−4　÷5　−6　÷5　−8　÷5

02

109   87   98   90   88   94   79   (   )

① 84
② 86
③ 99
④ 102
⑤ 105

정답해설

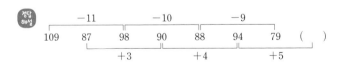

03

98   49   56   28   35   17.5   (   )

① 24.5
② 21.75
③ 18.25
④ 15.75
⑤ 13.35

정답해설

98		49		56		28		35		17.5	(	)

$\div 2$ $+7$ $\div 2$ $+7$ $\div 2$ $+7$

📣 **이 문제 중요!**★★

04

7   5   15   11   55   49   (   )   335

① 385   ② 343

③ 42   ④ 41

⑤ 40

정답해설

7   5   15   11   55   49   (   )   335

-2 $\times 3$ -4 $\times 5$ -6 $\times 7$ -8

05

111   123   113   121   115   (   )

① 103   ② 107

③ 111   ④ 115

⑤ 119

정답해설

111   123   113   121   115   (   )

$+12$ -10 $+8$ -6 $+4$

---

06 $\dfrac{9}{10}$ $\dfrac{7}{12}$ $(\quad)$ $\dfrac{3}{16}$ $\dfrac{1}{18}$

① $\dfrac{5}{15}$ ② $\dfrac{6}{15}$

③ $\dfrac{5}{14}$ ④ $\dfrac{3}{7}$

⑤ $\dfrac{7}{14}$

> **정답해설** 오른쪽으로 갈수록 분모는 (+2)씩 증가하고, 분자는 (−2)씩 줄어들고 있다.
> 따라서 빈칸에 들어갈 숫자는
> $$\frac{7-2}{12+2} = \frac{5}{14}$$

07 $\dfrac{8}{11}$ $\dfrac{5}{7}$ $\dfrac{12}{17}$ $\dfrac{7}{10}$ $\dfrac{16}{23}$ $\dfrac{9}{13}$ $(\quad)$

① $\dfrac{20}{29}$ ② $\dfrac{7}{8}$

③ $\dfrac{31}{32}$ ④ $\dfrac{40}{41}$

⑤ $\dfrac{51}{52}$

> **정답해설** $\dfrac{8+2}{11+3} = \dfrac{10}{14} = \dfrac{5}{7}, \dfrac{10+2}{14+3} = \dfrac{12}{17}$
>
> $\dfrac{12+2}{17+3} = \dfrac{14}{20} = \dfrac{7}{10}, \dfrac{14+2}{20+3} = \dfrac{16}{23}$
>
> $\dfrac{16+2}{23+3} = \dfrac{18}{26} = \dfrac{9}{13}, \dfrac{18+2}{26+3} = \dfrac{20}{29}$

08
56   560   70   420   105   (   )

① 210   ② 207

③ 205   ④ 195

⑤ 190

정답 해설

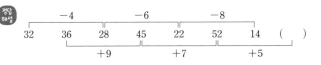

09
32   36   28   45   22   52   14   (   )

① 44   ② 48

③ 52   ④ 57

⑤ 60

정답 해설

```
        -4          -6          -8
  ┌─────────┐ ┌─────────┐ ┌─────────┐
 32    36    28    45    22    52    14   (   )
       └─────────┘ └─────────┘ └─────────┘
          +9          +7          +5
```

10
1   4   5   8   25   12   125   (   )

① 129   ② 60

③ 16   ④ 14

⑤ 12

정답 해설

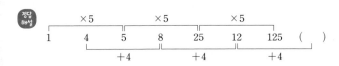

1DAY 2DAY 3DAY

[11~13] 다음 제시된 그림을 이해하고 '?'에 들어갈 알맞은 숫자를 고르시오.

총 문항 수 : 3문항 | 총 문제풀이 시간 : 1분 30초 | 문항당 문제풀이 시간 : 30초

11

5	11	2	8
7	17	3	?
12	20	4	8

① 20   ② 17

③ 14   ④ 11

⑤ 8

정답
해설 $(5+11) \div 2 = 8$, $(7+17) \div 3 = ?$, $(12+20) \div 4 = 8$

12

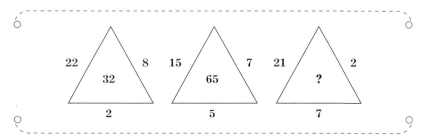

① 143   ② 182

③ 198   ④ 201

⑤ 204

정답해설 $(22-8+2) \times 2 = 32$, $(15-7+5) \times 5 = 65$, $(21-2+7) \times 7 = ?$

13

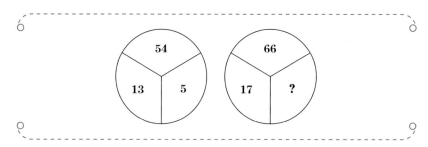

① 5
② 6
③ 7
④ 8
⑤ 9

정답해설 $(13+5) \times 3 = 54$, $(17+?) \times 3 = 66$

소요시간		채점결과	
목표시간	4분 50초	총 문항수	13문항
실제 소요시간	( )분 ( )초	맞은 문항 수	( )문항
초과시간	( )분 ( )초	틀린 문항 수	( )문항

5. 논리추리

기출유형분석

🕐 문제풀이 시간 : 1분 10초

▶ 다음의 (가)~(다)가 참이라고 할 때, 반드시 참이 되는 것을 고르시오.

> (가) A종 공룡은 모두 가장 큰 B종 공룡보다 크다.
> (나) 일부의 C종 공룡은 가장 큰 B종 공룡보다 작다.
> (다) B종 공룡은 모두 가장 큰 D종 공룡보다 크다.

① 가장 작은 A종 공룡만한 D종 공룡이 있다.
② 어떤 A종 공룡은 가장 큰 C종 공룡보다 작다.
③ 가장 작은 C종 공룡만한 D종 공룡이 있다.
④ 어떤 C종 공룡은 가장 작은 A종 공룡보다 작다.
⑤ 어떤 C종 공룡은 가장 큰 D종 공룡보다 작다.

정답해설

(가)~(다)가 참일 경우
(가)는 모든 A종 공룡 > 모든 B종 공룡
(다)는 모든 B종 공룡 > 모든 D종 공룡
'모든 A종 공룡 > 모든 B종 공룡 > 모든 D종 공룡'임을 알 수 있다.

④ A종 공룡은 모두 가장 큰 B종 공룡보다 크고 일부 C종 공룡은 가장 큰 B종 공룡보다 작다고 하였으므로, 어떤 C종 공룡은 가장 작은 A종 공룡보다 작다는 내용이 반드시 참임을 알 수 있다.

오답해설

① 모든 A종 공룡이 모든 D종 공룡보다 크다고 했으므로 가장 작은 A종 공룡만한 D종 공룡이 있다는 명제는 거짓이다.
② 주어진 조건만으로는 C종 공룡의 크기가 가지는 범위가 어느 정도인지 확정할 수 없다. 따라서 어떤 A종 공룡은 가장 큰 C종 공룡보다 작다는 것은 반드시 참이 되지 않는다.
③ 주어진 조건에서 가장 작은 C종 공룡의 크기 범위는 확정할 수 없다. 따라서 가장 작은 C종 공룡만한 D종 공룡이 있다는 것은 반드시 참이 되지 않는다.
⑤ (나), (다)에서 어떤 C종 공룡이 가장 큰 D종 공룡보다 작다는 내용은 확정할 수 없으므로 반드시 참이 되지 않는다.

정답 ④

01
A대학교 생물학과 학생을 대상으로 교양 과목 수강 내역을 조사하였더니, 심리학을 수강한 학생 중 몇 명은 한국사를 수강하였고, 경제학을 수강한 학생은 모두 정치학을 수강하였다. 그리고 경제학을 수강하지 않은 학생은 아무도 한국사를 수강하지 않은 것으로 나타났다. 이 경우 반드시 참인 것은?

① 심리학을 수강한 학생 중 몇 명은 정치학을 수강하였다.
② 경제학을 수강한 모든 학생은 심리학을 수강하였다.
③ 한국사를 수강한 모든 학생은 심리학을 수강하였다.
④ 한국사를 수강한 학생은 아무도 정치학을 수강하지 않았다.
⑤ 심리학을 수강하지 않은 학생 중 몇 명은 경제학을 수강하였다.

정답해설 한국사를 수강한 학생 중에 경제학을 수강한 학생이 있으며, 이들은 정치학 역시 함께 수강하고 있다는 의미가 된다. 한편 심리학을 수강한 학생 중 몇 명은 한국사를 수강하였다.

② 경제학을 수강한 학생 중 심리학을 수강한 학생이 있을 수는 있으나, 경제학을 수강한 모든 학생이 심리학을 수강했다는 것은 반드시 참이라고 보기 어렵다.

③ 심리학을 수강한 학생 중 몇 명은 한국사를 수강하였다고 했지만 이를 통해 한국사를 수강한 모든 학생이 심리학을 수강했다는 결론을 내릴 수는 없다.

④ 경제학을 수강하는 학생 중에는 한국사를 수강하고 있는 학생이 있으며, 이들은 정치학 역시 수강하고 있다.

⑤ 제시된 단서를 통해 유추할 수 없는 내용이다.

02 다음을 참이라고 가정할 때, 반드시 참인 것은?

ㄱ. 모든 금속은 전기가 통한다.

ㄴ. 광택이 난다고 해서 반드시 금속은 아니다.

ㄷ. 전기가 통하지 않고 광택이 나는 물질이 존재한다.

ㄹ. 광택이 나지 않으면서 전기가 통하는 물질이 존재한다.

ㅁ. 어떤 금속은 광택이 난다.

① 금속이 아닌 물질은 모두 전기가 통하지 않는다.

② 전기도 통하고 광택도 나는 물질이 존재한다.

③ 광택을 내지 않는 금속은 없다.

④ 전기가 통하는 물질은 모두 광택이 난다.

⑤ 광택을 내지 않고 금속인 물질이 존재한다.

정답해설 ② 어떤 금속은 광택을 내며, 모든 금속은 전기를 통하므로 참이다.

① ㄱ의 모든 금속이 전기가 통한다는 명제가 참이라 할지라도 이 명제가 반드시 참이 될 수 없다.

③ 광택이 난다고 해서 반드시 금속은 아니라는 명제가 참일 경우 참이 될 수 없다.

④ 광택이 나지 않으면서 전기가 통하는 물질이 존재한다는 ㄹ이 참이므로 반드시 참이 될 수 없다.

⑤ 주어진 명제가 참으로 주어지지 않은 이상, ㅁ을 금속에는 광택이 나는 것과 나지 않는 것이 있음으로 해석할 수 없다. 즉, '어떤'이 '모두'가 될 수도 있으므로 반드시 참이 될 수 없다.

03 다음 글의 논지에 대한 반론으로 가장 적절한 것은?

공화정 체제는 영원한 평화에 대한 바람직한 전망을 제시한다. 그 이유는 다음과 같다. 전쟁을 할 것인가 말 것인가를 결정하려면 공화제하에서는 국민의 동의가 필요한데, 이때 국민은 자신의 신상에 다가올 전쟁의 재앙을 각오해야 하기 때문에 그런 위험한 상황을 감수하는 데 무척 신중하리라는 것은 당연하다. 전쟁의 소용돌이에 빠져들 경우, 국민들은 싸움터에 나가야 하고, 자신들의 재산에서 전쟁 비용을 염출해야 하며, 전쟁으로 인한 피해를 고생스럽게 복구해야 한다. 또한 다가올 전쟁 때문에 지금의 평화마저도 온전히 누리지 못하는 부담을 떠안을 수밖에 없다.

그러나 군주제하에서는 전쟁 선포의 결정이 지극히 손쉬운 일이다. 왜냐하면 군주는 국가의 한 구성원이 아니라 소유자이며, 전쟁 중이라도 사냥, 궁정, 연회 등이 주는 즐거움을 아무 지장 없이 누릴 수 있을 것이기 때문이다. 따라서 군주는 사소한 이유로, 예를 들어 한낱 즐거운 유희를 위해 전쟁을 결정할 수도 있다. 그리고 전혀 대수롭지 않게, 늘 만반의 준비를 하고 있는 외교 부서에 격식을 갖추어 전쟁을 정당화하도록 떠맡길 수 있다.

① 전쟁을 방지하기 위해서는 공화제뿐만 아니라 국가 간의 협력도 필요하다.
② 장기적인 평화는 국민들을 경제 활동에만 몰두하게 하여, 결국 국민들을 타락시킬 것이다.
③ 공화제하에서도 국익이나 애국주의를 내세운 선동에 의해 국민들이 전쟁에 동의하게 되는 경우가 적지 않다.
④ 공화제 국가라도 군주제 국가와 인접해 있을 때에는 전쟁이 일어날 가능성이 높다.
⑤ 군주는 외교적 격식을 갖추지 않고도 전쟁을 감행할 수 있다.

> **정답 해설**
> ③ 공화제하에서도 국익이나 애국주의를 내세운 선동에 의해 국민들이 전쟁에 동의하게 되는 경우가 적지 않다는 것은 공화제하에서 전쟁이 잘 일어나지 않는다는 주장에 대한 반론에 해당한다.
> ① 제시문에서 공화제는 영원한 평화에 대한 바람직한 전망을 제시하며 전쟁 시 국민의 동의가 필요하다고 하였다. 따라서 전쟁을 방지하기 위해 공화제뿐만 아니라 국가 간의 협력이 필요하다는 내용은 공화제에 대한 반론과 관련이 없다.
> ② 장기적인 평화는 국민들을 경제 활동에만 몰두하게 하여, 결국에는 타락시킬 것이라는 주장 역시 제시문의 내용과는 관련이 없다.

④ 공화정 체제하에서 국민들은 전쟁을 하게 될 경우에 자신들이 부담해야 할 것들에 대해 먼저 생각하게 되므로 훨씬 신중하다고 말하고 있다. 따라서 제시문의 반론으로 적절하지 않다.
⑤ 제시문에 나와 있는 내용으로, 반론이 될 수 없다.

04 다음은 세 문장 중 첫 번째 문장이 거짓이라고 가정한다면, 두 번째 문장과 세 번째 문장은 각각 참인가 거짓인가?

국회의 어느 공무원도 소설가가 아니다.
모든 소설가는 국회 공무원이다.
어떠한 소설가도 국회 공무원이 아니다.

	두 번째	세 번째
①	거짓	알 수 없음
②	거짓	거짓
③	참	거짓
④	알 수 없음	거짓
⑤	알 수 없음	참

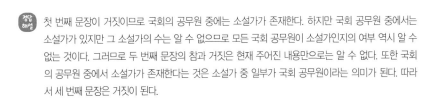 정답해설 첫 번째 문장이 거짓이므로 국회의 공무원 중에는 소설가가 존재한다. 하지만 국회 공무원 중에서는 소설가가 있지만 그 소설가의 수는 알 수 없으므로 모든 국회 공무원이 소설가인지의 여부 역시 알 수 없는 것이다. 그러므로 두 번째 문장의 참과 거짓은 현재 주어진 내용만으로는 알 수 없다. 또한 국회의 공무원 중에서 소설가가 존재한다는 것은 소설가 중 일부가 국회 공무원이라는 의미가 된다. 따라서 세 번째 문장은 거짓이 된다.

05 "A씨는 안경을 끼지 않았다."는 진술과 모순이 되는 진술을 이끌어내기 위해 필요한 전제를 보기에서 모두 고르면?

ㄱ. A씨는 농구를 좋아한다.

ㄴ. A씨가 안경을 끼지 않았다면, A씨는 서울 출신이다.

ㄷ. A씨가 농구를 좋아했다면, A씨는 서울 출신이 아니다.

ㄹ. A씨가 염색을 했다면, A씨는 서울 출신이다.

ㅁ. A씨는 농구를 좋아하거나 염색을 했다.

① ㄱ, ㄴ, ㄷ
② ㄱ, ㄷ, ㄹ
③ ㄱ, ㄹ, ㅁ
④ ㄴ, ㄷ, ㅁ
⑤ ㄴ, ㄹ, ㅁ

정답해설 "A씨는 안경을 끼지 않았다."는 진술과 모순이 되는 진술을 이끌어내기 위해 안경과 관련된 보기를 찾아보면 ㄴ에서 A씨는 서울 출신이라고 했으므로 이것이 아님을 이끌어내려면 ㄷ가 참이어야 한다. 이때 A씨가 농구를 좋아한다는 전제를 확인시켜주는 것이 ㄱ이다.

즉, A씨는 농구를 좋아하고, A씨가 농구를 좋아한다면 서울 출신이 아니다. 그런데 A씨가 안경을 끼지 않았다면 A씨는 서울 출신이므로 주어진 진술에 모순이 되는 진술을 이끌어낼 수 있다.

06 다음 글의 논증이 타당하다고 할 때 생략된 전제는?

학생들이 과학 탐구를 효과적으로 하기 위해서는 동료 학생들과 협동하면서 학습해야 한다는 과학 교육의 교수 학습 이론이 있다. 그러나 위대한 과학자들은 그들의 학생 시절에 동료 학생들과 협동 학습을 잘하지 않았다. 따라서 이 과학 교육의 교수학습 이론은 틀림없이 거짓이다.

① 일부 과학자들은 협동 학습을 좋아한다.
② 위대한 과학자들은 학생 시절부터 과학 탐구를 효과적으로 한다.
③ 혼자 연구하는 것이 진정한 과학 탐구를 위해 필요하다.
④ 과학 시간에 협동 학습을 잘못하는 학생들은 위대한 과학자가 될 가능성이 있다.
⑤ 위대한 과학자들은 협동하여 학습하는 것을 싫어한다.

정답 해설 주어진 이론을 뒤집어서 협동해서 학습하지 않았음에도 과학 탐구를 효과적으로 한 학생이 있다는 것을 증명하면 된다. 그런데 제시된 지문에는 학생 시절 동료 학생들과 협동 학습을 잘하지 않았다는 내용은 있으나 효과적인 과학 탐구에 대한 내용은 담겨있지 않으므로 ②이 적절하다.

07 다음에서 전제가 참일 때 결론이 반드시 참이 되지 않는 논증을 모두 고르면?

ㄱ. 간편하게 들고 다니지 못하는 것은 어떤 것도 유용하지 않아. 그런데 100kg이 넘는 것은 어떤 것도 간편하게 들고 다닐 수가 없거든. 그러므로 유용한 것은 모두 100kg 이하의 것이지.

ㄴ. 담배를 피우지 않는 사람은 모두 완전한 건강 상태를 유지하고 있어. 그런데 몇몇 운동선수는 건강 상태가 완전해. 그렇다면 운동선수 중에는 담배를 피우지 않는 사람이 있어.

ㄷ. A씨의 증언이 사실이라면 B씨의 증언도 사실이야. A씨가 한 증언이 사실이라면 C씨가 한 증언도 사실이고, B씨가 한 증언이 사실이라면 C씨가 한 증언도 사실이기 때문이지.

① ㄴ
② ㄱ, ㄴ
③ ㄴ, ㄷ
④ ㄱ, ㄷ
⑤ ㄱ, ㄴ, ㄷ

정답 해설

ㄴ. 담배를 피우지 않는 사람이 모두 완전한 건강 상태를 유지하고 있다는 것이 참이라고 해도, 이것이 곧 '완전한 건강 상태를 유지하고 있는 모든 사람은 담배를 피우지 않는다.'는 것으로 연결되지는 않는다.

ㄷ. A씨가 한 증언이 사실이라면 C가 한 증언도 사실이고, B가 한 증언이 사실이라면 C가 한 증언도 사실이라는 전제가 참이라고 해도 이것만으로는 C가 한 증언이 참인지 거짓인지 알 수 없다. 즉, 어떠한 결론이 도출될지 알 수 없으므로 반드시 참이라고 할 수 없다.

ㄱ. 간편하게 들고 다니지 못하는 것은 전부 유용하지 않다는 전제가 참이고 100kg이 넘는 것은 전부 간편하게 들고 다닐 수 없다면 100kg이 넘는 것은 전부 유용하지 않은 것이 된다. 그러므로 유용한 것은 모두 100kg 이하의 것이라는 것은 참이 된다.

08 다음 진술들이 모두 참이라고 할 때, 반드시 참이라고 할 수 없는 것은?

- 모든 사람은 자신에 대해서 호의적인 사람에게 호의적이다.
- 어느 누구도 자신을 비방한 사람에게 호의적이지 않다.
- 다른 사람을 결코 비방하지 않는 사람이 있다.
- 어느 누구도 자기 자신에 대해서 호의적이지도 않고 자기 자신을 비방하지도 않는다.

① 두 사람이 서로 호의적이라면, 그 두 사람은 서로 비방한 적이 없다.

② 두 사람이 서로 비방한 적이 없다면, 그 두 사람은 서로 호의적이다.

③ 누구든 다른 모든 사람을 비방한다면, 그 사람에 대해 호의적인 사람은 없다.

④ A라는 사람이 다른 모든 사람을 비방한다면, A에게 호의적이지 않지만 A를 비방하지 않는 사람이 있다.

⑤ 모든 사람이 자신을 비방하지 않는 사람에게 호의적이라면, 모든 사람에게는 각자가 호의적으로 대하는 사람이 적어도 한 명은 있다.

정답해설

② 비방한 적이 없다는 이유로 상대에게 호의를 느낀다는 의미가 된다. 그러나 이는 제시된 진술에서 참으로 주어진 것에 해당하지 않으므로 반드시 참이라고 할 수 없다.

① 첫 번째, 두 번째 진술을 통해 다른 사람에게 호의적인 경우 그 상대는 자신에 대한 비방을 하지 않았다는 의미가 된다. 만약 두 사람이 서로 호의적이라면 각각 상대에 대한 비방을 하지 않았다는 의미가 되므로 참이다.

③ 어느 누구도 자신을 비방한 사람에게는 호의적이지 않으므로, 다른 모든 사람을 비방하는 자는 어느 누구에게서도 호의를 받지 못한다.

④ A라는 사람이 다른 모든 사람을 비방하는 경우, 그는 어느 누구에게서도 호의를 받지 못한다. 그러나 다른 사람을 결코 비방하지 않는 사람이 있으므로 A에게 호의적이지 않으면서도 A를 비방하지 않는 사람은 존재한다.

⑤ 만약 모든 사람이 자신을 비방하지 않는 사람에게 호의적이라면 모든 사람은 다른 사람을 비방하지 않는 사람에게 만큼은 호의적일 것이다.

소요시간		채점결과	
목표시간	15분	총 문항수	8문항
실제 소요시간	( )분 ( )초	맞은 문항 수	( )문항
초과시간	( )분 ( )초	틀린 문항 수	( )문항

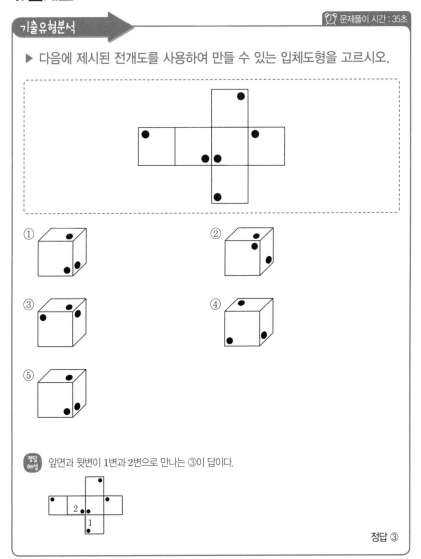

3DAY 시각적사고

* 영역의 특성상 해설이 제공되지 않을 수 있습니다.

1. 전개도

기출유형분석

⏰ 문제풀이 시간 : 35초

▶ 다음에 제시된 전개도를 사용하여 만들 수 있는 입체도형을 고르시오.

①

②

③

④

⑤

정답
해설 앞면과 윗변이 1변과 2변으로 만나는 ③이 답이다.

정답 ③

[01~05] 다음에 제시된 전개도를 사용하여 만들 수 있는 입체도형을 고르시오.

총 문항 수 : 5문항 | 총 문제풀이 시간 : 2분 55초 | 문항당 문제풀이 시간 : 35초

01

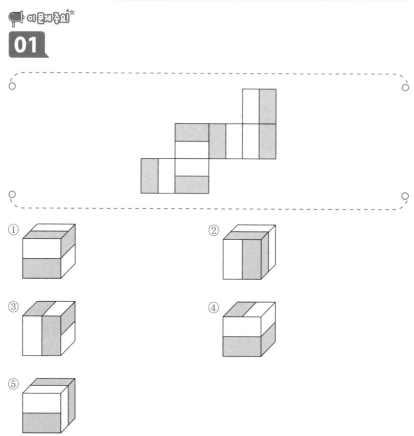

02

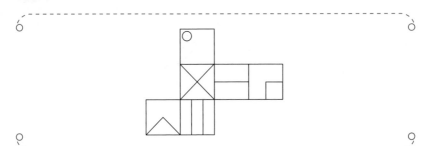

①

②

③

④

⑤

03

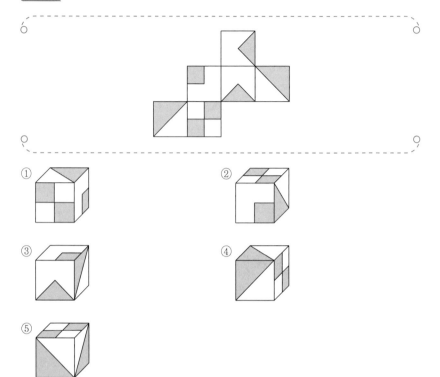

04

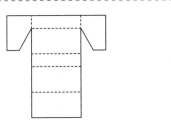

1DAY
2DAY
3DAY

①

②

③

④

⑤

05

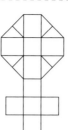

①
②
③
④
⑤

[06~07] 다음 주어진 입체도형에 대한 바른 전개도를 찾으시오.

총 문항 수 : 2문항 | 총 문제풀이 시간 : 1분 | 문항당 문제풀이 시간 : 30초

06

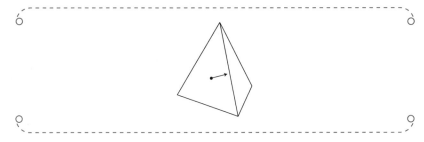

①

②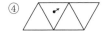

③

④

⑤

07

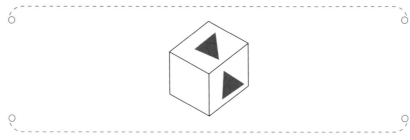

①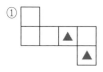

②

③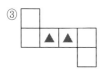

④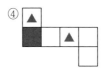

⑤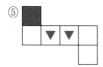

[08~10] 다음 중 전개도를 접었을 때 완성되는 입체도형이 나머지와 다른 하나를 고르시오.

총 문항 수 : 3문항 | 총 문제풀이 시간 : 40초 | 문항당 문제풀이 시간 : 10~13초

08

①

②

③

④

⑤

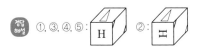

10

①

②

③

④

⑤

정답
해설

소요시간		채점결과	
목표시간	4분 35초	총 문항수	10문항
실제 소요시간	( )분 ( )초	맞은 문항 수	( )문항
초과시간	( )분 ( )초	틀린 문항 수	( )문항

2. 종이접기

⏰ 문제풀이 시간 : 30초

기출유형분석

▶ 다음 그림과 같이 종이를 접은 후 구멍을 뚫고 다시 펼쳤을 때의 그림으로 옳은 것을 고르시오.

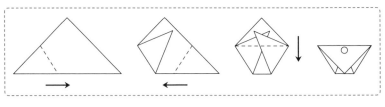

①

②

③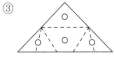

④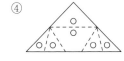

⑤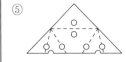

정답 ②

[01~02] 다음 그림과 같이 종이를 접은 후, 펀치로 구멍을 뚫고 다시 펼쳤을 때의 그림으로 옳은 것을 고르시오.

총 문항 수 : 2문항 | 총 문제풀이 시간 : 1분 20초 | 문항당 문제풀이 시간 : 40초

01

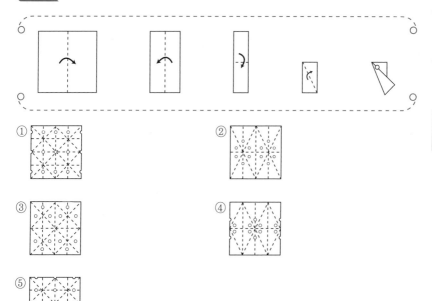

① ② ③ ④ ⑤

02

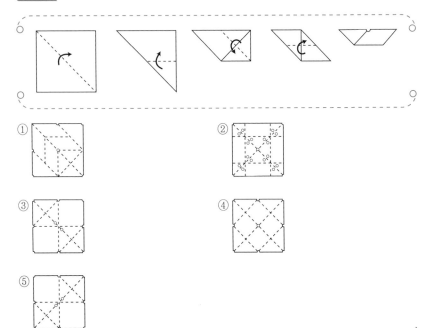

[03~04] 다음에 제시된 입체도형이 통과할 수 있도록 구멍이 난 것은 무엇인지 고르시오.

총 문항 수 : 2문항 | 총 문제풀이 시간 : 40초 | 문항당 문제풀이 시간 : 20초

03

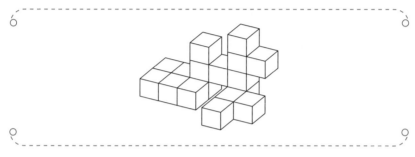

①

②

③

④

⑤

정답해설

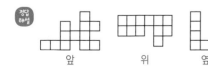

앞 　　　 위 　　　 옆

04

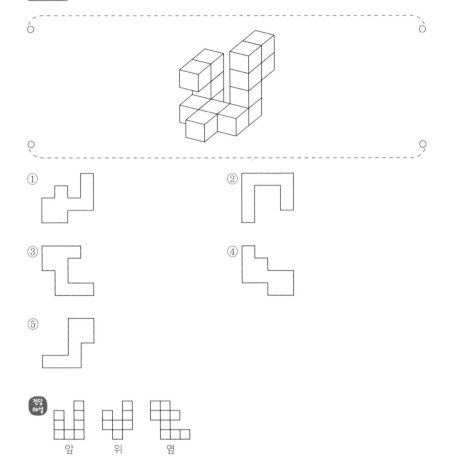

①

②

③

④

⑤

정답 해설

앞   위   엽

05 다음 그림과 같이 화살표 방향으로 종이를 접은 후, 펀치로 구멍을 뚫고 다시 펼쳤을 때의 그림으로 옳은 것은?

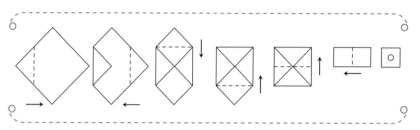

①

②

③

④

⑤

06 다음 그림과 같이 접었을 때 나올 수 있는 뒷면의 모양으로 적절한 것은?

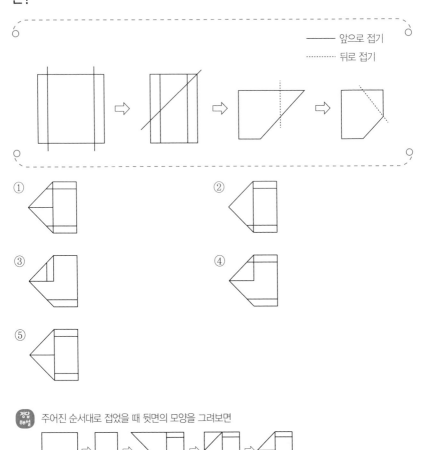

3. 투상도

기출유형분석

⏱ 문제풀이 시간 : 30초

▶ 다음은 어떤 입체도형을 정면, 윗면, 측면에서 바라본 투상도를 나타낸 것이다. 아래에 제시된 투상도의 입체도형을 고르시오.

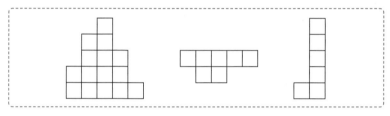

①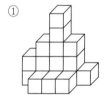

②

③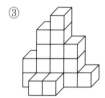

④

⑤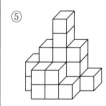

정답 ③

[01~05] 다음은 어떤 입체도형을 정면, 윗면, 측면에서 바라본 투상도를 나타낸 것이다. 아래에 제시된 투상도의 입체도형을 고르시오.

총 문항 수 : 5문항 | 총 문제풀이 시간 : 2분 40초 | 문항당 문제풀이 시간 : 35~45초

01

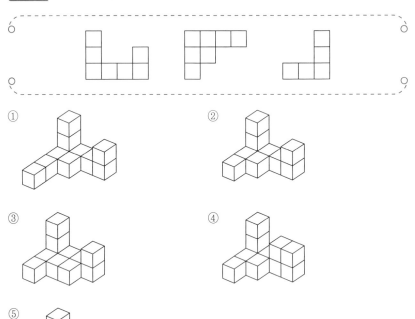

02

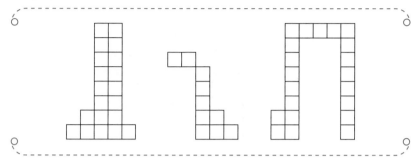

①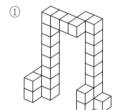

②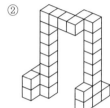

③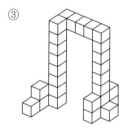

④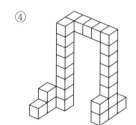

⑤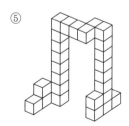

03

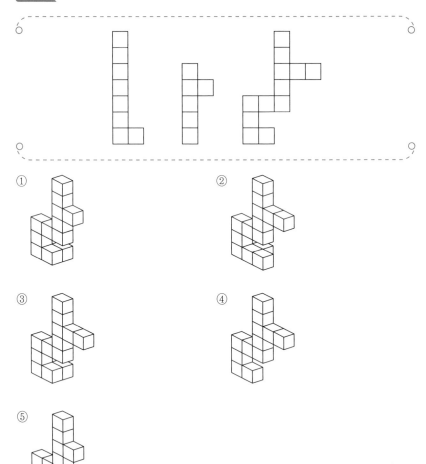

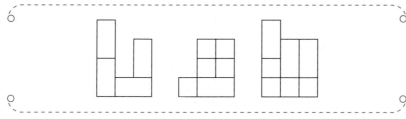

①

②

③

④

⑤

05

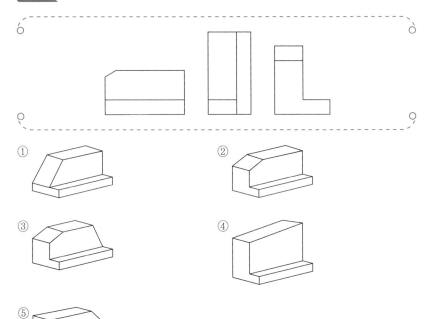

소요시간		채점결과	
목표시간	2분 40초	총 문항수	5문항
실제 소요시간	( )분 ( )초	맞은 문항 수	( )문항
초과시간	( )분 ( )초	틀린 문항 수	( )문항

192

4. 입체도형회전

⏰ 문제풀이 시간 : 40초

▶ 다음 입체도형 중 나머지와 다른 것을 고르시오.

①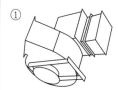

②

③

④

⑤

정답해설 주어진 입체도형의 부분을 살펴보면
④의 도형에서 막대기의 위치는 직육면체 아래에 와야 하고, 옆에 물방울 모양의 입체도형도 위치가 바뀌어있다.

정답 ④

[01~02] 다음 입체도형 중 나머지와 다른 것을 고르시오.

총 문항 수 : 2문항 | 총 문제풀이 시간 : 1분 40초 | 문항당 문제풀이 시간 : 40~50초

01

①

②

③

④

⑤

정답
해설 ①의 도형에서 덮개가 없어졌다.

194

02

①

②

③

④

⑤

정답 해설 ③의 도형에서 작은 원 하나가 없어졌다.

소요시간		채점결과	
목표시간	1분 40초	총 문항수	2문항
실제 소요시간	( )분 ( )초	맞은 문항 수	( )문항
초과시간	( )분 ( )초	틀린 문항 수	( )문항

5. 조각모음

문제풀이 시간 : 30초

▶ 다음 도형에서 찾을 수 없는 것을 고르시오.

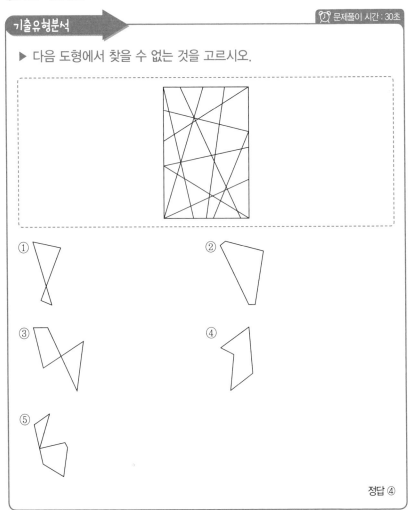

정답 ④

[01~04] 다음 도형에서 찾을 수 없는 것을 고르시오.

총 문항 수 : 4문항 | 총 문제풀이 시간 : 1분 | 문항당 문제풀이 시간 : 25초

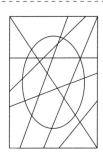

①

②

③

④

⑤

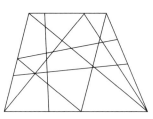

①

②

③

④

⑤

03

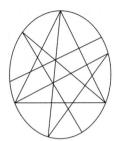

①

②

③

④

⑤

3일 벼락치기 삼성 GSAT(통합형)

04

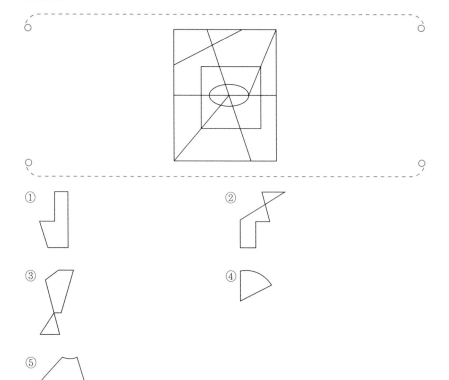

① ②

③ ④

⑤

05 다음 제시된 도형을 조합하였을 때 만들 수 없는 것은?

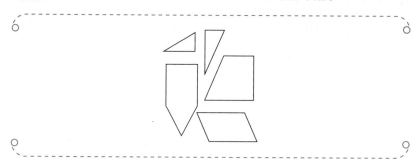

①

②

③

④

⑤

정답해설 제시된 도형을 조합해보면

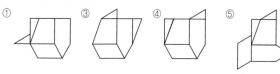

따라서 제시된 도형을 조합하면 ②는 만들 수 없다.

소요시간		채점결과	
목표시간	2분	총 문항수	5문항
실제 소요시간	( )분 ( )초	맞은 문항 수	( )문항
초과시간	( )분 ( )초	틀린 문항 수	( )문항

6. 블록결합

기출유형분석

⏰ 문제풀이 시간 : 30초

▶ 다음 두 개의 블록을 결합했을 때 만들 수 없는 형태를 고르시오.

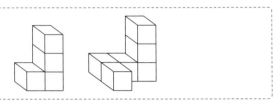

① 　　　②

③ 　　　④

⑤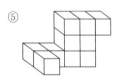

정답해설 두 개의 블록을 결합해보면

① 　② 　③ 　⑤

따라서 ④는 두 개의 블록을 결합해도 만들 수 없다.

정답 ④

[01~02] 다음 두 개의 블록을 결합했을 때 만들 수 없는 형태를 고르시오.

총 문항 수 : 2문항 | 총 문제풀이 시간 : 1분 10초 | 문항당 문제풀이 시간 : 30~40초

01

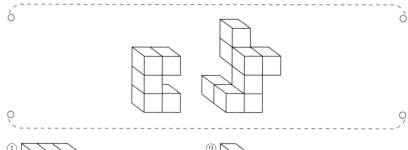

①

②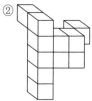

③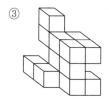

④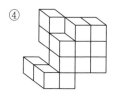

⑤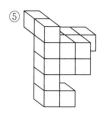

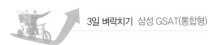

정답
해설 두 개의 블록을 결합해보면

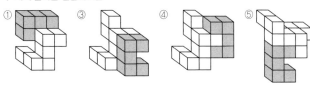

따라서 ②는 두 개의 블록을 결합해도 만들 수 없다.

02

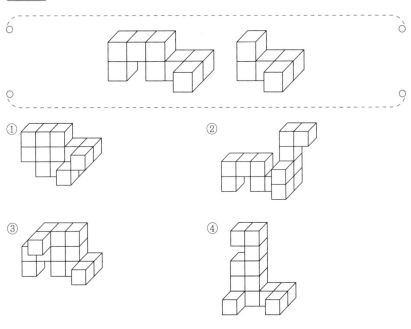

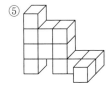

두 개의 블록을 결합해보면

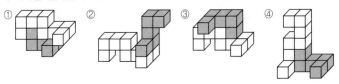

따라서 ⑤는 두 개의 블록을 결합해도 만들 수 없다.

소요시간		채점결과	
목표시간	1분 10초	총 문항수	2문항
실제 소요시간	( )분 ( )초	맞은 문항 수	( )문항
초과시간	( )분 ( )초	틀린 문항 수	( )문항

Try not to become a man of success
but rather try to become a man of value.

성공한 사람이 아니라 가치 있는 사람이 되려고 힘써라.

— Albert Einstein 앨버트 아인슈타인

3일 만에 끝내는 벼락치기 시리즈!

직무적성검사 시리즈

삼성 GSAT 4 · 5급(전문대졸 · 고졸용)
삼성 GSAT(통합형)
두산 DCAT 이공계
두산 DCAT 인문 · 상경계
이랜드 ESAT
CJ그룹 CAT
LG 인적성검사
KT그룹 종합인적성검사
롯데그룹 L–TAB

NCS 시리즈

한국가스공사
근로복지공단
한국전력공사
LH 한국토지주택공사
우리은행
KB 국민은행

3일 벼락치기

삼성 GSAT (통합형)

하나 휴대성! 둘 알찬 구성! 셋 3일 완성!

정가 **10,000원**

발행처 시스컴 출판사
주 소 서울시 양천구 목동동로 233-1, 1007호(목동, 드림타워)
전 화 02)866-9311 | Fax 02)866-9312
E-mail master@siscom.co.kr

13320

ISBN 979-11-6215-526-4

www.siscom.co.kr